Le journalisme aux États-Unis

Histoire, mœurs et caractères

Charles de Varigny
Émile Montégut

Édition : BoD · Books on Demand, 31 avenue Saint-Rémy, 57600 Forbach, bod@bod.fr
Impression : Libri Plureos GmbH, Friedensallee 273, 22763 Hamburg (Allemagne)
ISBN : 978-2-3225-5043-2
Dépôt légal : Décembre 2024

Première partie
Le Journalisme aux États-Unis [1]

L'exposition universelle de Philadelphie, en inaugurant dans le Nouveau-Monde ces grandes fêtes de l'industrie dont l'Europe a pris l'initiative, nous a permis de juger des progrès accomplis par les États-Unis dans tous les domaines de l'activité humaine. On peut mesurer le chemin parcouru par cette nation, qui ne compte encore qu'un siècle d'existence, et le sentiment qui domine est celui de l'étonnement. Des critiques de détail ont pu être formulées ; mais, pour qui s'attache à la réalité des choses, les résultats obtenus sont ! prodigieux et de nature à faire réfléchir l'homme d'état et l'économiste.

Si l'on se reporte par la pensée à ce qu'étaient les colonies anglaises et à ce que sont les États-Unis aujourd'hui, on se demande quels puissants engins de civilisation ont pu favoriser, précipiter cet essor si rapide d'un peuple dont l'histoire, pour être courte, n'en est pas moins bien remplie, et à qui n'ont été épargnées ni les épreuves de l'adversité, ni celles, plus difficiles peut-être à supporter, d'une éclatante prospérité. L'exposition de Philadelphie a répondu à ces questions. En assignant à la presse à imprimer de Hoe la place d'honneur dans la galerie des machines, les commissaires américains ont voulu rendre hommage à cette force dont Napoléon Ier disait qu'elle était plus à redouter que des centaines de mille baïonnettes. Elle l'a prouvé aux États-Unis ; elle y est parvenue à un tel degré de puissance et d'influence, elle a, sous un régime de liberté complète, donné des résultats parfois si inattendus qu'il nous a paru utile de résumer ici l'ensemble de nos études et de nos observations personnelles sur le journalisme américain.

Cette histoire de la presse a été faite et bien faite pour la France et pour l'Angleterre. En ce qui concerne ces deux pays, les livres et les documents abondent. M. Hatin, dans son savant ouvrage : *Manuel de la liberté de la presse en France* , nous a retracé les débuts et les tâtonnements de nos devanciers, les luttes soutenues depuis François Ier jusqu'à la chute du second empire par les journalistes contre les divers pouvoirs qui se sont succédé. M. Germain nous a donné *le Martyrologe de la presse de 1789 à 1864* . Le même sujet a été traité par M. Fernand Girardin dans son livre : *la Presse périodique de 1789 à 1867* . En Angleterre, F. Knight Hunt a publié *the Fourth Estate* , Alexander Andrews *the history of British Journalism* , James Grant *the Newspaper press, its origin, progress and present position* . Aux États-Unis, les documens sont rares, et ce n'est que tout récemment qu'un écrivain consciencieux, Frédéric Hudson, a publié sur l'histoire du journalisme en Amérique un livre curieux, plein de faits intéressants, mais groupés sans ordre et d'une lecture fatigante. Avant lui, Isaïah Thomas avait écrit, en 1810, une *Histoire de l'imprimerie aux États-Unis* , et Joseph Buckingham un ouvrage intitulé : *Buckingham's reminiscences* , dans lequel il parle incidemment de la presse dans les états de la Nouvelle-Angleterre. Ce dernier ouvrage parut en 1852 ; l'édition en est épuisée depuis longtemps. C'est à l'aide de ces matériaux divers et des écrits récents de Bennett, d'Henri Raymond et d'autres journalistes éminents qui nous ont laissé dans leurs mémoires les résultats de leurs travaux et de leur expérience personnelle, que nous essaierons de retracer l'histoire du journalisme aux États-Unis, depuis ses débuts jusqu'à nos jours.

I.

C'est en 1438 que l'imprimerie fut découverte à Mayence. Le premier journal connu ne parut que dix-neuf ans plus tard à

Nuremberg en 1457. En 1499, Ulrich Zell imprima la *Chronick* à Cologne. Ces premiers essais informes rappellent les *acta diurna* qui circulaient de main en main à Rome sous forme de manuscrits, et rendaient compte des incendies, des jugements, exécutions, phénomènes atmosphériques et autres nouvelles locales. L'Italie dispute à l'Allemagne l'honneur de l'avoir devancée dans cette voie, et réclame la priorité pour Venise. *La Grazetta* , — ainsi nommée suivant les uns parce qu'elle se vendait une *grazetta* , petite pièce de monnaie d'alors, suivant d'autres du mot *grazza* , commérage, bavardage, — fut imprimée en 1570. On affirme qu'il en existe des copies dans une ou deux collections particulières à Londres. D'autre part, le catalogue la collection du British Muséum indique un numéro d'une feuille imprimée sous le titre de *New Zeitung aus Hispanien und Italien* , qui porte la date du mois de février 1534. Ce journal, publié à Nuremberg, et dont on ne possède qu'un exemplaire unique, je crois, contient la nouvelle de la conquête du Pérou. C'est le premier écrit périodique qui rende compte d'un fait extérieur. Voici comment il s'exprime : « Le gouvernement de Panumyra (Panama) a écrit à sa majesté Chartes V qu'un navire venait d'arriver du Pérou avec une lettre du régent Francisco Piscara (Pizarro), annonçant qu'il s'était emparé du pays ; avec 200 Espagnols, infanterie et cavalerie, il avait attaqué un grand seigneur nommé Cassiko (cacique). Les Espagnols avaient été vainqueurs et lui avaient pris 5,000 *castillons* (pièces d'or), et 20,000 marcs d'argent. Enfin on avait fait payer au même Cassiko 2 millions en or. "

Des journaux que nous venons de citer, si tant est qu'on puisse leur donner ce nom, il ne reste qu'un souvenir confus et quelques rares numéros enfouis dans des collections peu faciles d'accès, A mesure que nous avançons, l'obscurité disparaît, les faits et les dates se précisent. En 1615 paraît à Francfort *die Frankfurter-Oberpostamts-Zeitung* , qui fut le premier journal quotidien et qui existe encore. Jusqu'ici l'Angleterre ne figure pas sur cette liste chronologique. Ce n'est qu'en 1622 qu'elle prend le cinquième rang avec l'apparition du *Weekly Newes* , journal hebdomadaire, comme son nom l'indique, et qu'elle précède la France de neuf années. En 1631, *la Gazette de France* , est publiée à Paris. La Suède, l'Ecosse, la Hollande, inaugurent successivement l'ère du journalisme en 1644, 1653 et 1656.

C'est en 1690 que paraît à Boston le premier journal publié aux États-Unis sous le titre de *Publick Occurrences* . On a cru longtemps que le *News Letter* , publié quatorze ans plus tard, était le doyen des publications périodiques américaines. Il n'en est rien ; les recherches faites par le rév. J.-B. Felt constatent que la priorité appartient sans conteste à Benjamin Harris, éditeur du *Publick Occurrences* . J'ai sous les yeux une copie de son premier numéro, daté Boston, 25 septembre 1690. L'éditeur débute modestement : « Mon intention, dit-il, est de fournir au public une fois par mois un compte-rendu de ce qui pourrait se passer d'important. Si, *par extraordinaire* , il venait à ma connaissance quelque nouvelle sérieuse dans l'intervalle, je publierai une feuille extra. Je prie toutes les personnes honorables de Boston de me tenir au courant. Considérant surtout qu'il importe de faire la guerre à l'esprit de mensonge, je n'imprimerai rien dont je n'aie contrôlé l'exactitude, et si je commets quelque erreur involontaire, je la rectifierai dans le numéro suivant. " Il n'en eut ni le temps ni le loisir. Ge programme hardi, ou du moins qui parut tel aux autorités anglaises, attira sur la tête de l'éditeur la censure administrative ; dans les vingt-quatre heures, les exemplaires furent saisis, et Benjamin Harris invité à s'occuper d'autre chose que de renseigner, une fois par mois, ses concitoyens sur ce qui pouvait se passer à Boston ou ailleurs. Ce début était peu encourageant. Harris quitta Boston, se rendit à Londres et y fonda en 1705 le *Post* , qui vit encore et occupe un rang distingué dans la presse anglaise.

Pendant quatorze ans, aucune nouvelle tentative ne fut faite. De temps à autre, on recevait quelques feuilles imprimées à Londres ; on les lisait à haute voix sur les places publiques, elles circulaient ensuite de mains en mains jusqu'à ce qu'elles tombassent en morceaux, ou qu'un riche individu s'en rendît propriétaire. Maculées, à peine lisibles, elles se vendaient encore une livre sterling. Le génie pratique des Américains ne pouvait longtemps s'accommoder d'un pareil état de choses, et la presse allait faire son apparition définitive ; dans quelles conditions et dans quel milieu politique et social ? C'est ce que nous allons examiner. Pour avoir une idée du chemin parcouru, il importe de se rendre un compte exact du point de départ. Le contraste est tellement grand entre les colonies anglaises de l'Amérique en 1690 et la puissante république qui achève de célébrer l'anniversaire séculaire de son indépendance qu'aucun pays à aucune époque de l'histoire n'en a offert de pareil.

Les colonies anglaises comptaient alors près d'un million d'habitants de race blanche et de nègres, la plupart esclaves. Cette population, dispersée sur la côte et sur les rives des grands fleuves, était comme perdue dans un espace immense. Peu de grandes villes, quelques villages, beaucoup de fermes très éloignées les unes des autres, et çà et là sur la frontière française ou indienne quelques campements de hardis colons, pionniers, chasseurs, trappeurs, ainsi se groupaient dans les colonies du nord les occupants du sol. Boston et Philadelphie étaient alors les villes principales ; elles renfermaient chacune environ 8,000 habitants. New-York, qui naissait à peine, en avait 6,000, et offrait l'aspect d'un grand village. On tirait tout d'Angleterre : en fait de commerce, celui du cabotage existait seul, mais déjà les populations des côtes s'exerçaient à la pêche et préludaient par de timides essais aux entreprises hardies qui devaient les entraîner plus tard à la poursuite des cachalots jusqu'aux régions du pôle. L'argent était rare, presque inconnu ; on avait recours aux échanges. En 1635, les achats se soldaient au moyen de balles de fusil ; une balle équivalait à un sou. En 1652, on frappa quelques pièces de monnaie ; pendant trente ans, on se servit de la même matrice et les pièces ainsi frappées portèrent toutes la même date. Les routes étaient rares. Une diligence reliait New-York à Philadelphie et mettait deux jours à faire ce trajet ; aussi l'avait-on surnommée *l'Éclair*, Le système postal était des plus primitifs ; on expédiait les lettres de New-York à Boston une fois par mois. Benjamin Franklin fut un des premiers directeurs de la poste ; il raconte que, pour développer le système postal, il visita, avec sa fille Sally, les diverses stations, et qu'il mit cinq mois à ce voyage, que l'on peut accomplir aisément aujourd'hui en cinq jours.

Par contre, l'éducation fit de bonne heure de grands progrès. Les puritains émigrants avaient apporté avec eux et implanté dans ce continent à peine connu deux idées fortes et vivaces : le sentiment religieux auquel ils avaient tout sacrifié, et comme complément direct le culte de la Bible. Cela impliquait la lecture assidue des livres saints : aussi vit-on, dès le début, partout où se groupaient quelques colons, s'élever le temple, construction aussi grossière et primitive que les cabanes de troncs d'arbres, et la maison d'école. Si pauvres, qu'ils fussent, ils ne reculaient devant aucun sacrifice de temps et de travail pour satisfaire à ces deux besoins de leur nature. A Boston, où fut fondée la première école, chaque famille donnait par année un boisseau de maïs ou 1 fr. 25 c. en argent pour le soutien de l'école et de l'instituteur. En 1700, dix pasteurs se réunirent dans une salle d'école, et déposèrent sur une table une dizaine de volumes chacun, en disant l'un après l'autre : Je donne ces livres pour aider à la fondation d'un collège dans le Connecticut. Telle fut l'origine du *Yale College*.

Alors comme aujourd'hui l'instituteur était entouré d'une grande considération. Il était, après le ministre, l'homme le plus estimé et le plus influent de la communauté. Il jouissait de privilèges particuliers et exerçait une juridiction spéciale sur les parents, qu'il pouvait même contraindre à envoyer leurs enfants à son école.

Si des colonies du nord nous passons à celles du sud, le contraste est frappant, et nous retrouvons en germe ces divergences de vues et d'idées qui devaient aboutir, le 12 avril 1861, au premier coup de canon tiré par les confédérés sur le fort Sumter, et à la guerre civile la plus longue et la plus sanglante des temps modernes. L'esprit puritain dominait d'une manière absolue dans les états de la Nouvelle-Angleterre. La vie sociale était gouvernée par les préceptes de la loi religieuse, dont la loi civile n'était que le reflet et la consécration. Cette vie grave, austère, condamnait l'homme à lutter contre les penchants de sa nature dans l'ordre moral, de même que le climat et les difficultés de la vie matérielle l'obligeaient à un labeur incessant. Le plaisir sous toutes ses formes, même les plus modestes, était banni, La musique était condamnée comme un instrument de Satan, le chant dans les temples devait être sans accompagnement. Amos n'avait-il pas écrit : « Je ne veux plus entendre la mélodie de tes violes ? " L'élément puritain, fortifié par d'élément hollandais, qui colonisa New-York, réussit, dans les premières années, à faire dominer ses vues et ses tendances dans les colonies du sud ; mais, bien que la race fût la même, le milieu était changé. Les conditions de la vie étaient autres, autres aussi le climat, les productions du sol. La grande divergence des peuples du nord et des peuples du midi s'accusait et s'accentuait, en attendant l'heure de la lutte inévitable, lutte aujourd'hui terminée en apparence.

Le point de départ de ces deux civilisations parallèles est le même. Chez toutes deux, nous retrouvons les mêmes traits caractéristiques : l'amour de l'indépendance, le sentiment religieux. Mais dans le nord la nature même du sol et du climat limite l'indépendance excessive et facilite le groupement de la population ; dans le sud, au contraire, tout favorise et développe le premier au détriment du second. Dans les états de la Nouvelle-Angleterre, l'église est le centre autour duquel se construisent les habitations. Constamment en lutte avec la nature, l'homme a besoin de se rapprocher de l'homme, l'isolement est un danger et une difficulté nouvelle ajoutée à tant d'autres.

Les conditions de la vie sont bien différentes dans la Virginie, dans la Caroline du sud. Les colons qui s'y fixent se recrutent dans une autre classe de la population anglaise que les émigrants du nord. Les modestes ressources de ces derniers les contraignent au travail aussitôt débarqués et ne leur permettent pas les dépenses nécessitées par un long et coûteux voyage pour ce rendre de New-York ou de Boston dans les colonies du sud. De grandes concessions de terres ont d'ailleurs précédé les colons. Certaines familles de l'aristocratie anglaise ont reçu de la couronne, à titre d'apanage ou de don, de vastes espaces incultes qu'elles abandonnent aux fils cadets. Ces dernière viennent demander à ce nouveau continent la fortune que leur enlève le droit de primogéniture, et la vie large et facile à laquelle ils sont habitués. Des plantations se fondent, isolées les unes des autres ; le sol, puissamment riche, donne en abondance le nécessaire et bientôt le superflu.

Si la vie est rude et simple, si le luxe et le confort n'existent pas encore, les éléments qui les constituent ne font pas défiant ? d'abord la grande propriété, puis un nombreux personnel de serviteurs ou d'esclaves ; les travaux d'une plantation l'exigent. Les chevaux importés d'Angleterre se multiplient rapidement sous ce climat où l'hiver est presque inconnu. Le planteur du sud, à cheval dès le matin, parcourant son *estate*, dirigeant ses nombreux travailleurs, retrouve ici la vie anglaise du *gentleman farmer*. Il sait commander et se faire obéir. Souverain absolu de tout ce qui l'entoure, il peut donner à ses goûts, plus athlétiques qu'intellectuels, pleine satisfaction. Combats de taureaux, courses, classe, tels sont les seuls plaisirs à sa portée, et ce sont ceux que les puritains du nord ont le plus en horreur. Çà et là quelques rares églises s'élèvent dans le voisinage des plantations, mais elles sont peu fréquentées, les distances sont grandes, et les plus proches voisins s'y rendent, seuls, Pour aller d'une plantation à l'autre, il faut remonter ou descendre en bateau les grands cours d'eau, ou parcourir à cheval, par des chemins à peine tracés, de vastes espaces. La vie sociale est à peu près nulle au début, et le sentiment de l'individualité se fortifie de tout ce que perd l'instinct de sociabilité.

Dans de pareilles conditions, il est difficile de fonder et de maintenir des écoles ; aussi n'y songe-t-on guère. On va plus loin même, et ici s'accentue de plus en plus la divergence de vues. Le gouverneur anglais Berkeley, fidèle représentant des idées du temps, disait en 1700 : « Je remercie Dieu de ce qu'il n'y a en Virginie ni écoles libres ni imprimerie, et j'espère qu'il en sera de même pendant des siècles. " Bien que ce vœu n'ait pas été exaucé et que la Virginie ait occupé et occupe encore un rang distingué dans les états du sud au point de vue de l'instruction publique, les progrès ont été lents et contrariés par la tendance aristocratique qui répugne à donner aux classes inférieures une instruction dont elle sent le prix et qu'elle entend réserver à ses membres. Habitués de bonne heure au commandement, aux exercices corporels, excellents cavaliers, chasseurs infatigables, les colons du sud devaient être et furent les chefs de l'insurrection qui affranchit les colonies du joug de la mère patrie. Ils devaient être et ils furent aussi les chefs de la nouvelle république, chefs politiques et militaires, présidents, hommes d'état, officiers. L'intérêt commun, la nécessité, firent taire longtemps les dissentiments particuliers ; mais les mœurs, les idées du sud, étaient antipathiques aux habitants de la Nouvelle-Angleterre, l'esclavage, surtout leur inspirait une répulsion profonde et bien justifiée. Puis le nord était manufacturier, et le sud agricole. L'un voulait des tarifs protecteurs pour ses fabriques naissantes, l'autre était partisan du libre-échange, condition essentielle de sa prospérité. Longtemps on se fit des concessions mutuelles, on essaya de nombreux compromis, jusqu'au jour où, conscients, de leur force, sûrs du nombre et impatiens d'affirmer et d'appliquer leurs idées, les états du nord déclarèrent l'institution de l'esclavage condamnée par la conscience, incompatible avec un gouvernement républicain, et appelèrent Abraham Lincoln à la présidence des États-Unis pour appliquer et faire triompher leur programme. En même temps, par l'adoption du tarif Morill, ils déclaraient la guerre aux intérêts du sud. On vit alors cette même force, qui avait fondé et créé l'Union, se retourner contre elle. La rupture du nord et du sud désorganisa les cadres de l'administration, de la diplomatie, de l'armée et de la marine, où les officiers étaient presque tous des hommes du sud. On sait le résultat de cette lutte gigantesque, la victoire du nord, la ruine du sud et les haines profondes qui subsistent.

De cet exposé rapide se déduisent certaines conclusions. Il est évident que le nord a dû être et a été le foyer du journalisme. Là presse naît de la diversité des intérêts et des tendances. Elle tarde à paraître là où cette diversité tarde à se produire. L'antagonisme de vues entre le nord et le sud s'est accentué surtout dans le nord, où l'éducation était plus répandue, où les grands centres se créaient et se peuplaient plus rapidement, où les idées républicaines dominaient et où les intérêts commerciaux, politiques et sociaux appelaient la libre discussion et demandaient des renseignements exacts et précis. L'histoire de la presse aux États-Unis est donc surtout l'histoire de la presse des états du nord, et ce ne sera qu'incidemment et accessoirement que nous aurons à en suivre le développement dans le sud.

II.

Nous avons constaté que le premier journal américain avait paru le 25 septembre 1690, qu'il avait vécu un jour, et que l'éditeur avait dû émigrer en Angleterre. L'insuccès d'Harris avait découragé ceux qui pouvaient être désireux de l'imiter ; aussi de 1690 à 1704 aucune tentative ne fut faite pour remplacer le *Publick Occurrences*. Le 24 avril 1704, John Campbell, directeur des postes à Boston, tenta de nouveau l'aventure. Sous le titre de *Boston news Letters*, il publia sous un petit format une sorte de feuille d'avis hebdomadaire. Le premier numéro né contenait que des annonces de maisons à louer ou à vendre, des signalements de domestiques qui avaient quitté leurs maîtres, des indications de navires en partance.

Si dépourvue d'intérêt qu'elle nous paraisse, cette publication causa une profonde émotion dans la ville de Boston. Le premier numéro fut porté en hâte par le magistrat au président de l'université d'Harvard comme une des plus étonnantes curiosités que l'on pût voir dans la colonie. Enhardi par le succès, Campbell ne s'enferma pas longtemps dans le cadre étroit de son premier numéro. Timidement d'abord, il donna quelques rares nouvelles commerciales, maritimes, puis enfin politiques. Il se sentait surveillé ; mais l'opinion publique l'appuyait et le poussait à marcher en avant. Il reproduisit quelques extraits de la *Gazette de Londres*) cependant il faut croire que les exemplaires lui parvenaient avec irrégularité, car dans un de ses numéros il s'excuse modestement auprès de ses lecteurs d'être en retard de *treize mois* sur les nouvelles d'Europe. Est-ce là ce qui nuisit à son succès pécuniaire ? Nous ne savons ; en tout cas, ce ne fut pas la concurrence. Quoi qu'il en soit, après quinze ans d'existence le *News Letter* n'était pas dans une position brillante, à en juger par un appel que Campbell adressa à ses lecteurs. Il leur dit que la vente hebdomadaire atteint à peine 300 numéros, qu'il est obligé d'augmenter le prix de l'abonnement de 6 shillings par an, et qu'encore à ce prix il couvrira seulement ses frais matériels et ne recevra aucune rémunération pour son travail personnel.

Ce second début n'était pas encore encourageant ; pourtant il y avait progrès. Un journal, prenons ce titre ambitieux à défaut d'autre, avait pu vivre quinze années. La carrière était ouverte, de nombreux concurrents allaient entrer en lice.

Campbell ne les vit pas avec plaisir. Le *Boston Gazette* publia son premier numéro le 21 décembre 1719. « Je plains les lecteurs de cette nouvelle feuille, écrit-il dans le numéro qui suivit la publication de son rival, on y sent l'odeur de la bière bien plus que celle de la lampe. C'est une lecture malsaine pour le peuple. Pour moi, voici près de seize ans que je publie mon journal, et je puis dire que c'est à lui que l'on doit d'avoir si peu de fausses nouvelles en circulation. " vraies ou fausses, il est certain que Campbell en mettait peu en circulation, et on ne saurait accuser ses contemporains d'ingratitude pour l'accueil qu'ils firent à son rival d'abord, puis en 1721 au *Courant* publié par James Franklin, frère de l'illustre Benjamin Franklin, qui n'allait pas tarder à entrer en scène et à donner un vigoureux essor au journalisme américain. James Franklin releva vivement les attaques de Campbell et le réduisit au silence. Le pionnier de la presse de Boston abdiqua et rentra dans la vie privée, non sans prédire toutes les catastrophes possibles à ses concurrents. Ces discussions personnelles n'étaient guère de nature à intéresser longtemps le public. Il importait d'élargir le champ des débats. Les circonstances s'y prêtèrent, et Benjamin Franklin débuta dans le journalisme en se constituant l'avocat et le défenseur de la vaccine. Lady Wortley Montague venait d'importer d'Angleterre la découverte nouvelle. Le clergé se déclara contre l'innovation ; les Franklin et leurs adhérents furent dénoncés comme libres penseurs, athées, inspirés du diable. La polémique américaine naissante s'affirmait par cette liberté de langage et d'injures qui la caractérise encore aujourd'hui et qui ne laisse pas de nous étonner par sa violence. Les Franklin répondirent avec la même vivacité, et James, l'éditeur en nom, fut, comme d'ordinaire, arrêté et mis en prison. C'était une solution, mais cela ne prouvait pas qu'il eût tort et que la vaccine fût une idée diabolique.

Cette première mésaventure fut suivie d'une autre. En juin 1722, un pirate fit son apparition en vue de Black Head. Le *Courant* gourmanda la lenteur des autorités à envoyer des vaisseaux. Le lendemain, James Franklin retournait à la prison de Boston, et un ordre en conseil lui interdisait à l'avenir de parler dans son journal de ce qui pouvait, de près ou de loin, concerner le gouvernement, l'administration, le clergé et les collèges. Il fallait bien de l'habileté pour continuer à publier un journal dans ces conditions ; mais ce n'était ni l'habileté, ni l'énergie qui manquaient aux Franklin. Benjamin n'était alors âgé que de seize ans, mais il y avait en lui l'étoffe d'un homme, et les difficultés, loin de les abattre, développent des natures comme la sienne.

Des mesures arbitraires prises contre des journaux aussi peu lus ne pouvaient provoquer un vif mouvement d'opinion publique, ni soulever des passions bien violentes. Il fallait, pour en arriver là, que le gouvernement fournît un autre aliment à l'irritation, et que la presse pût prendre en main une cause vraiment populaire. La maladresse des autorités anglaises lui fit beau jeu. Pour s'assurer le concours de l'église anglicane, on proposa de lui donner le rang de religion d'état. C'était s'aliéner les nombreux dissidents des colonies du nord. Les Franklin venaient de fonder la première fabrique de papier. Les autorités anglaises affirmèrent que les colonies ne pouvaient en aucune façon s'affranchir de l'importation de la mère patrie. Pitt lui-même, l'ami de l'Amérique, déclarait « que les colonies n'avaient pas le droit de fabriquer même un fer à cheval. " En 1750, interdiction de travailler le fer, défense de scier le bois et de le débiter en planches, de faire usage des cours d'eau comme force motrice, d'élever des fabriques ou manufactures. Les colons devaient se borner à la culture des terres et tirer d'Angleterre tout ce qui leur était nécessaire. Dans les colonies du sud, la canne ne pouvait être convertie en sucre ou en mélasses, le coton ne pouvait être travaillé. Les taxes enfin, votées par le parlement, où les colons n'étaient pas représentés, pesaient sur une population active, énergique, dont elles gênaient la production, et qui sentait sa force croître avec ses griefs. La presse se fit l'écho, timide d'abord, indigné bientôt, d'une pareille oppression. Ces phrases brèves et incisives, <$ui précèdent une révolution et en deviennent le mot d'ordre, circulèrent. « L'impôt sans le droit de représentation est une tyrannie, n écrivait James Otis.

La lutte commençait ; nombre d'esprits ardents et aventureux se jetèrent dans la mêlée. Les rares journaux publiés à Boston, New-York, Annapolis, Charleston, virent s'augmenter considérablement le nombre de leurs lecteurs. D'autres se fondèrent. Samuel Adams lança le premier à l'Angleterre le mot attribué depuis à Napoléon Ier : *nation of shopkeepers* (nation de boutiquiers). On le retrouve dans l'*Indépendant Advertiser* de1748. A ses côtés, Hugh Gaine, Philip Freneau, le poète de la révolution, James Otis, John Adams, Samuel Cooper, Joseph-Warren, Benjamin Austin, combattant les prétentions de l'Angleterre, prêchaient la résistance à l'oppression, et Benjamin Franklin répondait hardiment aux menaces des autorités : « Quiconque peut, comme moi, vivre de pain et d'eau n'a besoin de personne et ne craint personne. "

Devant ces symptômes, le gouvernement anglais s'émut. Des troupes furent envoyées aux colonies ? les journaux, menacés d'abord, suspendus ensuite, se publièrent en cachette. Le *Stamp act* , dirigé surtout contre eux, vint mettre le feu aux poudres. Il imposait un droit de timbre de 5 à 20 centimes par exemplaire et de 2 shillings (2 fr. 50 cent.) par annonce. C'était la ruine de la presse, et cela au moment où la presse devenait le symbole et le palladium des droits des colonies. « Le soleil de la liberté s'est couché, écrivit Benjamin Franklin, il ne reste plus aux Américains qu'à allumer les lampes de l'industrie et de l'économie. " — « Soyez assuré, lui répondit le colonel Thompson dans son journal, que nous allons allumer des torches et non des lampes. " La foule acclama, envahit les résidences des autorités anglaises, les saccagea, aux cris de « vive la liberté, pas de timbre ! " Dans l'assemblée de la Caroline du nord, le président John Ashe répondit au gouverneur Tyron : « Nous résisterons à cette loi jusqu'à la mort. " Le premier navire qui apporta d'Angleterre la cargaison de papier timbré, destiné aux colonies reçut ordre du colonel Ashe, soutenu par la population, de s'éloigner sous peine de voir son chargement jeté par-dessus bord. Les autorités hésitèrent, et cette hésitation raviva le courage des hommes politiques plus clairvoyants qui ne cessaient, dans le parlement, de défendre la cause des colons. Camden, Pitt, Barre, provoquèrent une enquête, et la formation d'une commission apétale. Benjamin Franklin, mandé à la barre de la chambre des communes, plaida éloquemment les droits de ses compatriotes. Ses réponses énergiques et brèves aux questions qui lui furent posées impressionnèrent vivement la majorité, et le ministère, convaincu enfin que le droit de timbre ne pourrait être perçu que par la force, se décida à le supprimer.

Cette nouvelle fut accueillie en Amérique avec une joie dont les journaux se firent l'écho retentissant. Ils la célébrèrent comme une victoire personnelle. C'étaient eux que cet impôt menaçait surtout, c'étaient donc eux qui triomphaient. Après avoir vaincu pour leur compte il leur incombait, maintenant que leur existence était assurée, de revendiquer les droits communs, l'affranchissement du commerce des colonies et la consécration du principe posé par eux : « Pas de taxe sans droit de représentation. " C'était au nom de ce principe même que l'Angleterre avait fait sa révolution. Ses colonies d'Amérique s'en emparaient à leur tour et paralysaient sa force en ébranlant sa conviction dans son droit.

Organe des revendications populaires, la presse voyait son rôle grandir et son existence s'identifier avec celle des colonies. Elle avait combattu, pour, elle-même il est vrai, mais elle avait vaincu. C'était un journaliste, Benjamin Franklin, qui le premier avait fait entendre la voix de l'Amérique dans le parlement anglais, c'étaient les journaux qui ralliaient en un faisceau commun les volontés, les énergies et les passions. Ils portaient à la connaissance de tous les faits d'oppression, les actes de résistance, les excès de la soldatesque : ils prêchaient l'union, la confédération des colonies, signalaient les dangers de l'isolement et lançaient aux masses encore disséminées, mais déjà exaspérées, leur nouveau mot d'ordre : « *Join or die* , unissez-vous ou périssez. "

On les lisait, on les approuvait, et, le 5 septembre 1774, 53 délégués représentant les provinces, sauf la Géorgie, se réunissaient à Philadelphie. Dans cette réunion solennelle, qui décida des destinées de l'Amérique, Patrick Henry électrisa l'assemblée par son éloquence. On décréta la formation de compagnies de volontaires ; ils affluèrent, et dans toutes les colonies on se mit à fondre des balles, à fabriquer des cartouches, à exercer les hommes au maniement des armes. La presse, qui jusqu'ici n'avait été que l'écho des sentiments populaires, les devançait : elle indiquait le but à atteindre, les moyens d'y parvenir. Inconsciente encore de sa force, elle l'apprenait en s'en servant, et devenait une puissance en parlant au nom de toute une population dont elle allait être un des plus puissants instruments d'affranchissement.

Nous sortirions du cadre restreint de ce travail, si nous suivions pas à pas les péripéties de cette lutte, qui devait aboutir le 25 novembre 1783 à l'évacuation des colonies américaines par les troupes anglaises et à la naissance de la grande république des États-Unis. Lorsque lord North reçut la nouvelle de la capitulation de l'armée commandée par Cornwallis, et de la reddition des armes et des drapeaux entre les mains de Washington et de Rochambeau, il s'écria : « Il me semble que j'ai reçu une balle dans la poitrine. Grand Dieu ! tout est perdu. " Il disait vrai. Il eût pu ajouter que cette balle, qui portait un coup si terrible à l'influence anglaise, avait été fondue dans un atelier d'imprimerie et qu'un fragment de journal avait servi de bourre.

La guerre était terminée ; la victoire complète. Les divergences de vues avaient disparu devant un danger commun, mais avec la paix elles allaient reparaître. Il ne s'agissait plus de combattre, il fallait organiser. Si l'on s'entendait sur le but, on n'était pas d'accord quant aux moyens. La presse et la population se scindèrent en deux grands partis politiques, représentés par deux hommes éminents : d'un côté les fédéralistes, dirigés par Alexander Hamilton ; de l'autre les démocrates, qui reconnaissaient comme chef Thomas Jefferson. Pendant la guerre, l'énergie populaire avait pu suppléer à la faiblesse du lien fédéral créé par les représentants réunis à Philadelphie, mais cette ébauche de constitution ne pouvait suffire à la situation nouvelle. Les journaux fédéralistes en réclamaient le maintien avec quelques légères modifications, ils se déclaraient partisans des droits des états, droits qu'il importait pourtant de limiter, si l'on voulait constituer une véritable Union. Leurs adversaires, faisant bon marché des droits des états, réclamaient une Union intime, absolue, seule garantie, disaient-ils, de force et de durée, sans laquelle la nationalité américaine succomberait infailliblement dans une nouvelle lutte avec l'Angleterre. On s'arrêta à un moyen terme, qui pour le moment suffisait aux nécessités de la situation et devait en effet assurer à la république de longues années d'une éclatante prospérité. C'est pourtant à l'origine et aux conditions de ce pacte fédéral que devaient en appeler les états du sud lors de la guerre de sécession. Comme toutes les constitutions, celle-ci portait en elle des germes de conflit et laissait la porte ouverte à des interprétations différentes.

Quelle était l'importance et quel était alors le nombre des journaux aux États-Unis ? Nous avons constaté qu'en 1704 il ne se publiait qu'un journal. Il paraissait une fois par semaine, et cela suffisait et au-delà aux besoins d'une population urbaine de 8,000 habitants. En 1725,

4 journaux représentent à eux quatre un tirage annuel de 170,000 exemplaires. La population est de 1 million. Au début de la guerre d'indépendance en 1775, la presse est représentée par 37 journaux. Leur tirage total annuel est de 1,200,000 exemplaires. La population a plus que doublé, elle est de 2,800,000 habitants, En 1800, nous trouvons 359 journaux, un tirage annuel de 22,321,700 exemplaires, pour une population de 7,239,814. Le nombre des journaux est presque décuplé, leur tirage est dans la proportion sur la période précédente de 20 à 1 pour une population triplée. On peut juger par ces chiffres de l'influence que les événements exercèrent sur la presse américaine et de l'incroyable essor qu'ils lui permirent de prendre. Nous sommes loin du temps où Campbell pouvait à peine tirer à 300 exemplaires sa feuille hebdomadaire et faisait à ses rares lecteurs un appel aussi pathétique qu'inutile.

La presse traversa, non sans encombre et sans bon nombre de faillites, la période critique de 1783 à 1790. Les journaux paraissaient, publiaient quelques numéros, puis succombaient, quitte à renaître quelques semaines ou quelques mois plus tard sous un titre nouveau. Vers 1790, l'horizon s'éclaircit un peu ; sous, la main ferme et sage de Washington, la confiance renaissait, et quelques feuilles mieux rédigées, mieux renseignées que les autres groupaient autour d'elles des sympathies, des lecteurs et des appuis financiers. Un homme de talent et d'énergie, qui avait joué usa rôle dans la guerre de l'indépendance, le major Bursell, fonda à Boston la *Centinel* , feuille dévouée à l'administration de Washington et qui lui prêta en mainte occasion un concours aussi intelligent que désintéressé. Ce fut le premier journal aux États-Unis qui gagna de l'argent ; il en fit un noble emploi : Bursell publia gratuitement tous les actes du congrès, et lorsque le secrétaire des finances lui fit demander son compte, il l'envoya acquitté. Par l'organe de son président, le congrès répondit ; « Lorsque M. Bursell a généreusement offert de publier les lois et actes du congrès sans rémunération, nous étions pauvres et nous avons accepté sa proposition ; maintenant nous pouvons payer nos dettes, et ceci est une dette d'honneur. " Un mandat de 7,000 dollars accompagnait cette réponse.

A l'époque où Bursell publiait son journal, deux personnages qui devaient jouer un grand rôle dans notre histoire se trouvaient à Boston. L'un, Louis-Philippe, duc d'Orléans, appelé à régner un jour sur la France, donnait des leçons dans une école ; l'autre était Talleyrand, le futur ministre de l'empire. Tous deux alors (1795) avaient quitté la France pour se soustraire aux fureurs révolutionnaires. Ils fréquentaient assidûment les bureaux du journal la *Centinel* , surtout à l'arrivée des journaux d'Europe, rares alors, et apportés par des navires voiliers. Bursell leur communiquait avec obligeance les numéros du *Moniteur* . Pour le remercier, Louis-Philippe se dessaisit en sa faveur d'un atlas qu'il possédait, livre rare aux États-Unis. C'est à l'aide de ces cartes que Bursell put tenir ses lecteurs au courant de la marche des armées françaises, et retracer les étonnantes campagnes d'Italie. Le modeste cadeau du duc d'Orléans fit la fortune de la *Centinel* qui avait, sur ses rivaux le précieux avantage de pouvoir préciser, là où, ils en étaient réduits aux conjectures. Burselli continua d'éditer la *Centinel* jusqu'en 1828. Il vendit son journal à Adams et Hudson, et se retira des affaires avec une fortune considérable pour l'époque.

Boston avait alors le privilège d'être la ville la plus peuplée et la plus intelligente des États-Unis. Il s'y publiait plusieurs journaux ; l'un des plus influents était le *Chronicle* , qui comptait parmi ses rédacteurs John Prentiss, qui vient de mourir âgé de plus de quatre-vingt-quatorze ans, et qui a joué dans le congrès un rôle important. Le *Chronicle* avait pour éditeur Benjamin Austin. Une de ces discussions si fréquentes entre journalistes américains surgit, en août 1805, entre lui et Selfridge, collaborateur du *Boston Gazette* , et se termina par l'assassinat en pleine rue et en plein jour du fils d'Austin, âgé de vingt et un ans, par Selfridge. Ce dernier en fut quitte pour quelques mois de prison.. Il y a soixante-dix ans que le revolver a pour la première fois joué son rôle dans le journalisme aux États-Unis ". Depuis il n'a cessé de figurer comme un des objets indispensables d'un cabinet de rédaction, et plus d'une fois cet argument a servie non à convaincre peut-être, mais à faire taire un adversaire. L'histoire de la presse aux États-Unis est pleine de faits pareils, et l'on ne saurait trop flétrir cette brutalité des mœurs politiques qui a envahi le congrès et l'a parfois transformé en une arène de combattants.

Si Boston jouissait d'une supériorité incontestée au point de vue intellectuel, d'autres villes grandissaient aussi. New-York, Salem, Providence, voyaient s'augmenter, avec le chiffre de leurs habitants, leur importance commerciale et politique. De nouveaux états obtenaient leur admission dans l'Union. Vermont en 1791, Kentucky en 1792, Tennessee en 1796, portaient à 16 le nombre des états. Alors, comme aujourd'hui, aussitôt, qu'un nouveau *settlement* se formait, on voyait s'élever le temple, l'école et le bureau du journal. Beaucoup de ces feuilles éphémères ne faisaient que paraître et disparaître, mais la semence était jetée, le germe devait lever plus tard. Nous avons vu, de nos jours, la presse faire plus encore et devancer la civilisation dans les vastes solitudes qui séparent de la Californie les états de l'ouest. Le *Frontier Index*, publié pendant la construction du grand chemin de fer du Pacifique, se déplaçait à mesure que les travaux avançaient, et précédait de quelques jours les rails et la locomotive. On peut ne voir là qu'un tour de force d'originalité, mais si l'on se reporte à l'époque dont nous parlons, si l'on tient compte de ce qu'étaient alors ces états nouveaux où le colon disputait le sol aux animaux féroces et aux Indiens, on conviendra que les journaux qui paraissaient dans ces villages naissants étaient bien les ancêtres du *Frontier Index*. Eux aussi étaient les fanaux mouvants qui précédaient et éclairaient la marche des pionniers et des colons qui, partis de l'Atlantique, ne devaient s'arrêter qu'aux rives de l'Océan-Pacifique.

III.

La période comprise entre 1810 et 1820 est marquée aux États-Unis par un développement constant que ralentissent parfois, sans l'arrêter, les guerres avec les tribus indiennes, la rupture avec l'Angleterre, la bataille de la Nouvelle-Orléans, les dissensions intérieures qui aboutissent au compromis du Missouri, la crise financière, la guerre des banques. En 1802, le président Jefferson nous achète pour 80 millions la Louisiane. La presse est unanime pour approuver cet achat, qui inspirait aux deux parties contractantes des réflexions qu'il est utile de relever ici : « Nous sommes parvenus à un âge avancé, écrivait Monroe, négociateur du traité, mais nous n'avons pas vécu en vain, et ce traité est le plus grand service que nous ayons rendu à notre patrie. " Napoléon, de son côté, disait : « Cet accroissement de territoire consolide à jamais la puissance des États-Unis. J'ai suscité à l'Angleterre un rival sur les mers qui tôt ou tard abaissera son orgueil. "

L'épreuve ne devait pas tarder à se faire, mais les circonstances étaient peu favorables aux États-Unis, dont la marine naissante ne pouvait encore lutter avec celle de l'Angleterre. Les difficultés qui surgirent en 1807 et qui aboutirent à la guerre en 1812 trouvèrent l'opinion publique divisée. La presse se partagea en deux camps, dont l'un, organe du parti démocratique et représentant des états de l'ouest, voulait la guerre, et dont l'autre, écho des opinions des fédéralistes de la Nouvelle-Angleterre et notamment de Boston, la déclarait impolitique et désastreuse. Les premiers l'emportèrent. Le danger commun fit taire ces dissidences, et la presse, en surexcitant puissamment les passions patriotiques, apporta à l'administration un concours énergique et décisif. La bataille de la Nouvelle-Orléans, gagnée le 8 janvier 1815 parle général Andrew Jackson, et la prise, par la frégate américaine *Constitution* , de deux bâtiments de guerre anglais permirent aux États-Unis de négocier une paix honorable qui non-seulement consacrait à nouveau leur indépendance, mais forçait l'Angleterre et avec elle les états européens à compter avec la jeune république. Un autre résultat de cette guerre fut de donner à la presse antifédéraliste la consécration du succès, d'augmenter son prestige auprès de l'administration et dans le congrès et de faire élire président son candidat James Monroe, qui reçut 183 votes présidentiels contre 34 donnés au candidat fédéraliste Rufus King.

De cette époque date l'influence considérable exercée par la presse sur les élections, et la pratique, depuis consacrée par l'usage, de distribuer au parti victorieux les places et les emplois conquis par le vote sur le parti vaincu et dépossédé. Le cadre de ce travail ne nous permet, pas d'étudier les conséquences qu'a eues pour les États-Unis l'application de cette théorie absolue, vivement critiquée par les uns, qui y voient une destruction systématique et périodique des rouages administratifs, préconisée par les autres, qui n'admettent pas que l'administration laisse aux mains d'adversaires politiques le maniement des affaires.

La paix était à peine conclue que la presse républicaine, représentée parce que l'on a appelé le triumvirat des journaux, l'*Enquirer*, le *Globe* et l'*Albany Argus*, organisa dans tous les états une coalition puissante, dirigée par Martin van Buren, William Marcy, John A. Dix, qui devaient tous trois jouer un rôle considérable dans l'histoire de leur pays. Cette coalition ne tarda pas. à dominer le président et son cabinet. Van Buren, Marcy et Dix étaient désignés dans la presse sous le nom de *régence d'Albany* . Ils faisaient et renversaient les ministres ; leurs journaux, tout-puissants, exigeaient et obtenaient le renvoi de leurs adversaires de toutes les places, les plus élevées comme les plus modestes, et désignaient au pouvoir exécutif leurs candidats, aussitôt acceptés. Ce n'était pas seulement le pouvoir fédéral qui était obligé de compter avec eux ; dans chaque état, ils exercèrent la même inquisition et rencontrèrent la même obéissance. En quelques mois, les fédéralistes furent exclus de toutes les positions officielles et remplacés par les candidats proposés par les journaux du parti vainqueur.

A aucune époque, l'intervention de la presse dans les questions de personnes et de politique générale ne fut aussi dictatoriale. C'est la presse qui souleva la question de l'acquisition de la Floride à l'Espagne et décida le vote par le congrès d'une somme de 25 millions de francs, prix auquel l'Espagne consentit à céder sa colonie. « L'Amérique aux Américains " devenait le mot d'ordre national. Il a reçu depuis de nombreuses consécrations par la conquête de la Californie et du Texas, l'annexion de l'Orégon, l'achat d'Alaska à la Russie et les démonstrations menaçantes faites à diverses reprises sur les frontières du Mexique et sur celles du Canada.

Au début de cette étude, nous avons précisé les causes principales auxquelles était due la colonisation de l'Amérique par l'Europe, les mobiles auxquels obéissaient les émigrants ; l'amour de l'indépendance et les convictions religieuses. La presse politique répond au premier de ces besoins : par elle et avec elle, le colon a ébranlé, puis secoué le joug de la métropole ; par elle et avec elle, il a vaincu, proclamé son indépendance politique, fondé une république, créé une constitution, concilié dans une assez juste mesure les droits de l'état et ceux ; de l'individu. Examinons maintenant quelle satisfaction a été donnée aux deux autres besoins de sa nature. A côté de la presse politique, il y a la presse religieuse ; résumons en quelques mots son histoire et les résultats obtenus.

Le premier journal exclusivement consacré aux questions religieuses parut à Boston le 3 janvier 1816. L'éditeur était Nathaniel Willis, qui a raconté dans une autobiographie très curieuse comment, après de longues années d'épreuves, de perplexités et de difficultés, il réussit enfin, avec l'appui du docteur Morse, à fonder le *Recorder*, qui subsiste encore, et qui a tracé le chemin où depuis se sont engagés nombre de rivaux. Presque simultanément parurent le *Congregationalist*, puis le *Watehman*, organe des *baptists*, qui compte 21,000 abonnés, le *New-York Observer*, qui tire à 60,000 exemplaires, le *Zion Herald*, journal des méthodistes, le *Christian Register*, oracle des unitairiens. L'église presbytérienne est représentée par l'*Evangelist*, primitivement publié par une association de jeunes gens réunis dans un dessein commun, celui de favoriser les progrès de l'éducation, de soutenir la cause de la tempérance et de combattre l'institution de l'esclavage. L'*Independent*, organe des congrégationalistes, une des feuilles les plus répandues de la presse religieuse, doit également son existence à trois négociants de New-York, Chittenden, Hunt et Bower, qui consacrèrent des sommes considérables à assurer le succès de cette publication. Henry Ward Beecher, le célèbre prédicateur, fut un de ses premiers éditeurs et y soutint, avec une vigueur et une âpreté de langage qui n'avaient rien à envier aux feuilles politiques, de nombreuses controverses avec l'*Evangelist* et d'autres publications rivales. On se passionne aussi vivement ans États-Unis pour les discussions religieuses que ; pour les discussions politiques, et la modération de la forme et dur langage fait également défaut aux unes et aux autres. Le catholicisme compte de nombreux adhérents et, dans la presse, des partisans zélés ; rédigés avec talent, ses journaux ont des lecteurs nombreux et assidus, et soutiennent avec leurs adversaires des controverses dans lesquelles de part et d'autre on fait preuve d'une incontestable érudition. Les juifs possèdent deux journaux. Les *spiritualistes*, au nombre de 1,500,000, ont également plusieurs organes, dont le *Spiritualist* est le plus important.

La presse exclusivement religieuse compte peu de journaux quotidiens : d'ordinaire ils paraissent le samedi ou le dimanche matin ; leurs abonnés les lisent le dimanche après le service divin. Les controverses théologiques, les récits de conversion, les progrès des missionnaires et la reproduction des sermons des principaux prédicateurs en remplissent les colonnes. Il est rare qu'ils empiètent sur le terrain de la politique, mais au début de la guerre de sécession, et pendant toute la durée de cette lutte, ils ont joué un rôle des plus importants. Adversaire passionnée de l'esclavage, la presse religieuse a contribué tout autant, si ce n'est plus, que la presse politique à précipiter les événements. Dès le début, elle s'est déclarée hostile à toute tentative de compromis. Sans défaillance aucune, même dans les plus mauvais jours, elle a soutenu le courage et l'ardeur du parti républicain et de l'administration de Lincoln, Divisée sur tant de points, elle s'est trouvée unanime pour conseiller et soutenir la résistance. Les feuilles catholiques, très influentes sur la population irlandaise, parlaient et agissaient dans le même sens que leurs rivales de toutes sectes. On peut affirmer sans exagération que la presse religieuse a joué, pendant cette période critique de l'histoire des États-Unis, le premier rôle. Les attaques dirigées contre l'esclavage sont venues d'elle, et deux de ses hommes les plus éminents, Henry Ward Beecher et Wendell Philipps, ont exercé sur l'opinion publique une véritable dictature.

C'est en grande partie à ces deux hommes que la presse religieuse est redevable de l'immense développement qu'elle a pris dans ces derniers temps. Quelques chiffres permettront de s'en faire une idée. Il se publie aux États-Unis 420 journaux exclusivement religieux. Leur tirage annuel est de près d'*un milliard et demi* d'exemplaires, le chiffre de leurs abonnés dépasse 9,000,000. Ce n'est pas tout. L'Association de la presse évangélique et, après elle, d'autres associations analogues, représentant des sectes diverses, se sont assuré le concours de nombreuses feuilles politiques et ont obtenu d'elles, en échange de l'appui qu'elles leur apportent, de consacrer chaque semaine un certain nombre de colonnes à l'examen et à la discussion des questions religieuses. C'est ainsi que le *New-York Herald* , un des journaux les plus répandus aux États-Unis, publie chaque lundi un résumé des sermons prononcés la veille dans les principales églises de New-York. Plus encore, recourant aux services coûteux du câble transatlantique, il se fait télégraphier un extrait des prédications les plus importantes des églises de Rome, de Londres et de Paris.

Revenons maintenant à la presse politique. Nous l'avons laissée à l'apogée de son pouvoir et de son influence ; elle vient de les affirmer par une révolution dans les mœurs politiques, et, posant en principe que les emplois et les places de tout ordre appartiennent au parti victorieux, elle a passé de la théorie à la pratique, chassé les fédéralistes vaincus de l'administration et inauguré le règne des *politicians* . Du moment où le fait d'appartenir au parti qui triomphe donne un droit incontestable aux dépouilles, la vie politique devient une carrière comme une autre, et, plus que d'autres, de nature à tenter des esprits aussi aventureux que peu scrupuleux. L'influence, et partant le droit, se mesure au nombre d'électeurs que l'on peut entraîner. Un siège dans le cabinet revient à celui qui, dans une élection présidentielle, peut entraîner les suffrages d'un ou plusieurs états, et les subordonnés qui manipulent la matière électorale dans les villes et villages ont en perspective un emploi dans les douanes ou dans les bureaux de l'administration.

Les conditions nouvelles de la vie politique aux États-Unis devaient amener une révolution dans la presse. De 1820 à 1832, elle devient exclusivement l'organe des partis qui se disputent le pouvoir. Contrôlée, dominée par une poignée de *politicians* , elle menace de tomber, dans le discrédit. L'opinion publique, qu'elle cesse de représenter, s'éloigne d'elle et attend pour la diriger des hommes nouveaux et des organes plus indépendants.

D'un autre côté, les progrès rapides du commerce demandaient qu'une part plus large fût faite aux annonces, que le prix d'abonnement fût réduit, que des renseignements plus précis sur les marchés étrangers fussent fournis. Les journaux inféodés aux partis n'avaient ni le temps ni les moyens de satisfaire à ces besoins nouveaux. Il fallait créer une presse nouvelle, ce que l'on a appelé depuis la presse indépendante : elle date de 1832.

Un homme dont le nom est bien connu en Europe, le fondateur et le propriétaire du *New-York Herald*, J. Gordon Bennett, l'incarnation du journalisme aux États-Unis, est entré le premier dans la voie nouvelle. L'immense fortune qu'il a réalisée, l'éclatant succès de sa tentative hardie, prouvent la puissance d'une idée juste, saisie à temps et suivie avec persévérance. L'histoire de J. Gordon Bennett et du *New-York Herald* peut être considérée comme l'histoire du journalisme américain. En étudiant la carrière de cet homme remarquable, qui a refusé les fonctions d'ambassadeur pour rester journaliste, nous assisterons à la naissance, aux progrès et aux transformations de la presse moderne aux États-Unis, et nous verrons comment, en s'appliquant à donner une légitime satisfaction à tous les intérêts et à tous les besoins, elle est devenue ce qu'elle est aujourd'hui.

IV.

James Gordon Bennett débuta dans le journalisme sous les auspices de la régence d'Albany. Il fut un des partisans déclarés de Jackson et de Martin van Buren, et fit ses premières armes dans le *Courier*, l'organe le plus accrédité du parti. Jeune, actif, énergique, il ne devait pas servir longtemps en sous-ordre ; ses velléités d'indépendance et surtout de réformes dans l'organisation de la presse amenèrent des tiraillements auxquels il crut se soustraire en fondant un nouveau journal. En 1832, il publia le *New-York Globe*. Le prix d'abonnement était réduit de 10 dollars à 8.

Cette première tentative échoua. Une réduction de 2 dollars n'était pas suffisante pour rallier de nombreux abonnés ; d'autre part les chefs et les organes accrédités du parti voyaient avec inquiétude se fonder une feuille nouvelle qui, tout en se déclarant fidèle, entendait s'affranchir dans une certaine mesure d'un contrôle sévère. Bennett hésitait à rompre, à se déclarer franchement indépendant. Son journal, en tant que feuille de parti, était terne, comparé à ses rivaux ; sans satisfaire personne, il mécontentait tout le monde : Bennett comprit son erreur et suspendit sa publication. Il essaya alors de renouer avec ses anciens amis ; mais ses exigences rendirent toute négociation impossible, et la rupture fut complète.

Libre désormais de toute attache de parti, ne comptant plus que sur lui-même, Bennett partit pour New-York aussi léger d'argent que riche d'espoir. Il allait enfin tenter de réaliser son rêve. Créer une feuille indépendante en dehors et au-dessus des partis, une feuille qui ne fût ni fédéraliste, ni républicaine, ni démocratique, mais purement américaine et dévouée à l'intérêt national, quitter le terrain de la polémique pour celui des faits, renseigner exactement ses lecteurs en leur laissant la tâche de se former à eux-mêmes leur opinion, mettre cette feuille à la portée de tous par un prix d'abonnement très réduit, demander à l'annonce, encore peu pratiquée et dont il prévoyait le développement, les ressources nécessaires, tel était le plan du futur éditeur du *New-York Herald* , et c'est avec un capital de 500 dollars qu'il songeait à le réaliser.

Pour tenter aujourd'hui une entreprise pareille à New-York, il faudrait un capital minimum de 300,000 dollars (1,500,000 fr.). Le compte-rendu soumis récemment aux actionnaires d'un journal qui n'occupe dans la presse new-yorkaise qu'un rang inférieur constate en effet que le comité d'administration a dû sacrifier 200,000 dollars du fonds social (1 million) pour le maintenir pendant une année.

Le premier numéro du *New-York Herald* parut le 5 mai 1835. Dans ce premier numéro, qui se composait de douze colonnes de texte et de quatre d'annonces, Bennett expose son programme à ses lecteurs. Tout d'abord le prix de l'abonnement est réduit à 3 dollars par an (15 francs). C'est aux annonces qu'il entend demander le plus clair de ses recettes. Quant à sa ligne politique, il déclare nettement n'en pas avoir. « Notre seul guide, dit-il, sera le bon sens appliqué aux affaires. Nous n'appartenons à aucun parti, nous ne sommes l'organe d'aucune faction ou coterie et nous ne soutiendrons aucun candidat, pas plus pour la présidence que pour le plus mince emploi. Notre but est de recueillir et de donner des faits exacts, des renseignements précis sur tout ce qui se passe. Notre journal s'adresse aux masses, au négociant comme à l'ouvrier, au banquier comme au commis. Chacun d'eux trouvera dans nos colonnes ce qui peut l'intéresser, lui servir, et tirera lui-même ses conclusions des faits que nous mettrons sous ses yeux. "

Fidèle à son programme, il supprimait les articles politiques et les remplaçait par les documents officiels, par les résultats des élections, s'abstenant de toute appréciation, de tout commentaire. Cette tentative originale fut accueillie avec le sourire de l'incrédulité. On n'admettait pas encore qu'un journal indépendant de tout parti politique pût se maintenir quelque temps, bien moins encore prospérer. Aucune feuille jusqu'ici ne s'était occupée des affaires financières ; Bennett fut le premier qui publia une cote des fonds publics. C'est dans son numéro du 13 mai 1835 qu'elle parut. Il y rendait compte des ventes et achats effectués a la bourse de la-veille et dés prix obtenus par les valeurs diverses. Cette innovation fut fort mal accueillie. Les banquiers et courtiers contestèrent son droit à rendre compte de leurs opérations ; c'était, affirmaient-ils, intervenir dans leurs affaires privées. Le *New-York Herald* fut assailli de réclamations, de menaces, de procès, l'éditeur lui-même fut injurié et maltraité à la Bourse ; mais le bruit qui se faisait autour de la feuille nouvelle attirait sur elle l'attention et lui amenait dès abonnés et des acheteurs.

La crise financière de 1837 assura son succès : prédite par lui, annoncée jour par jour dans son bulletin financier, elle lui donna une autorité tells qu'on cessa de contester l'utilité de ses renseignements. Son exemple trouva promptement des imitateurs : ses concurrents, qui avaient été les plus ardents à le blâmer, suivirent son exemple, et la masse du public sut gré au *Herald* d'avoir résolûment persévéré dans la voie nouvelle dont l'utilité n'était plus contestable.

Bennett fut également un des premiers à se rendre dompte des progrès immenses que devait amener, tant dans l'industrie que dans le mode de locomotion, l'application pratique de la vapeur. « Une des tentatives les plus grandioses du siècle, écrit-il en 1835, est celle qui consiste à relier l'ancien au Nouveau-Monde par un service de bâtiments à vapeur. " Sans cesse ni trêve, il développa cette thèse pendant des mois, ralliant des adhérents ; gourmandant la lenteur du congrès à voter une subvention et lui prédisant, ce qui arriva en effet, que l'Angleterre, plus intelligente et plus soucieuse des intérêts commerciaux, prendrait l'initiative et ferait de la compagnie projetée une compagnie essentiellement anglaise.

Un an après la publication de son premier numéro, Bennett avait pu rembourser les avances consenties par ceux qui lui avaient fait crédit pour le papier, les types, etc. Le nouveau journal pouvait équilibrer ses recettes et ses dépenses. L'éditeur, sans plus attendre, décida d'agrandir son format et affirma une fois de plus son programme. « Dans une ville comme New-York, écrivait-il il n'y a pas de limite à l'esprit d'entreprise ; le travail, la capacité et le talent peuvent tout oser. L'année dernière, quand je commençai la publication de mon journal, sans capital et sans amis, on se moquait de moi, j'étais un fou, un cerveau fêlé. A force de travail, d'économie et de détermination, je me suis maintenu, j'ai eu raison de mes adversaires, et j'inaugure aujourd'hui dans le journalisme une ère nouvelle dont les résultats étonneront un jour l'Amérique entière. "

Ce n'est pas, on le voit, par la modestie que brillait l'heureux éditeur du *New-York Herald* ; mais on ne saurait lui refuser un coup d'œil juste, une indomptable persévérance et une remarquable intelligence des transformations que la société moderne était appelée à subir, des besoins nouveaux qui allaient se manifester et du rôle que la presse était destinée à jouer. Les chemins de fer et les bateaux à vapeur, en abrégeant les distances, en facilitant les transports, ouvraient à son ambition un champ immense dans l'avenir et, pour le présent, devaient, d'après ses calculs, décupler, centupler te nombre de ses lecteurs. Aussi fut-il le premier à s'assurer, partout où cela lui fut possible, des correspondants intéressés à la vente de sa feuille. Lorsqu'en 1836 le général Houston quitta New-York pour prendre le commandement des troupes américaines qui allaient envahir le Texas, il invita Bennett à l'accompagner. Le *Herald* commençait à peine à percer, mais son éditeur n'en répondit pas moins : « Qu'irais-je faire au Texas ? New-York n'est même pas assez vaste pour moi. " En 1838, le petit vapeur *Sirius*, venant d'Angleterre, entra dans le port de New-York, salué par les applaudissements frénétiques de la population. Les magasins fermèrent, les affaires furent suspendues, on ne parlait que du *Sirius* et de la perspective brillante de la navigation à vapeur. Le *Herald* en avait le premier signalé les avantages et prédit le succès. Bennett n'hésita pas à s'embarquer et à venir en Europe. En quelques mois, il parcourut l'Angleterre, la France, l'Allemagne et l'Italie, choisissant dans chacune des capitales des correspondants à même de le bien renseigner, organisant un service de dépêches régulières. A son retour, il fit construire toute une flottille de bateaux chargés d'aller au-devant des paquebots avant leur temps d'arrêt forcé à la quarantaine et de lui rapporter en toute hâte les lettres et les journaux d'Europe.

Ses concurrents devaient l'imiter sous peine de succomber dans la lutte. Il suffisait en effet de quelques heures, de quelques minutes pour décider du succès. Aux portes des principaux journaux stationnaient des armées de *news-boys* impatiens qui se disputaient les feuilles humides pour les porter jusque dans les quartiers les plus reculés de la ville. C'était à qui des éditeurs publierait le premier l'*extra* contenant les nouvelles. Le second se vendait à peine, le dernier ne trouvait plus d'acheteurs. Bennett triomphait toujours. Semblable à un général d'armée, il dirigeait tout son monde, surveillait le tirage, répartissait à chacun sa tâche. Les chevaux les plus rapides attendaient au quai l'arrivée des sacs de dépêches, les transportaient au bureau du journal, où une nuée d'employés découpaient, traduisaient, composaient la copie aussitôt livrée aux typographes.

Constamment battus par leur heureux rival, ses concurrents imaginèrent de faire cause commune contre lui, de réunir leurs ressources. Ils organisèrent des relais plus fréquents, des bateaux plus rapides. Rien n'y fit ; la lutte fut acharnée, mais courte. Le sang-froid de Bennett, son coup d'œil juste et prompt, l'admirable organisation de son état-major, l'amour-propre surexcité de ses employés, largement payés, triomphèrent de toutes les résistances. On raconte encore dans les bureaux des journaux de New-York les principaux incidents de ces luttes de vitesse, ces *extra* publiés d'heure en heure, à mesure que les nouvelles d'Europe arrivaient, les pièges tendus aux concurrents. On se passionnait, on engageait des paris comme on le fait pour les courses de chevaux, et des sommes importantes servaient d'enjeu. Le *Herald* était le favori, et un riche négociant de New-York offrit un jour de parier 3,000 dollars, contre 500 en sa faveur sans trouver preneur.

Ce n'était pas seulement son habileté à devancer ses rivaux et son indépendance avérée qui assuraient à Bennett la faveur publique. Bien que formé à l'école du journalisme politique, il en répudiait comme écrivain les procédés et la forme, et lorsqu'il fonda le *Herald*, il adopta une manière à lui, qu'il appelait dans l'intimité le « genre français, " et qu'ont imitée depuis les journalistes américains. Avant lui, on copiait exactement les écrivains anglais. Les articles de fond, les *editorials* , s'étalaient amplement et lourdement en colonnes serrées, coupées par de rares alinéas, et se prolongeaient de numéro en numéro jusqu'à complet épuisement du sujet traité. Une érudition indigeste en faisait le fond, un style pompeux et solennel constituait la forme. Les arguments, longuement développés, se liaient les uns aux autres par des transitions pesamment amenées. Lus séparément, ces articles étaient inintelligibles, il fallait relire toute la série ou n'avoir pas oublié, en ouvrant son journal, ceux de la veille et des jours précédents. Ces longues et pénibles élucubrations étaient signées invariablement des noms de *Honestus, Scœvola, Amérions, Publius, Scipio* .

Bennett introduisit le premier dans la presse américaine l'article court, nerveux, précis, l'entrefilet, le paragraphe découpé en alinéas, le bulletin résumé des nouvelles du jour. Il abandonna le moule anglais emprunté à Addison, Junius, Swift, et conservé précieusement comme une tradition des grands maîtres. Cela lui était facile. Contrairement à ses rivaux, il n'avait ni thèse à développer, ni parti à soutenir, ni système politique à étayer laborieusement par des arguments. Il ne se préoccupait que des faits, il les donnait le plus souvent sans commentaire aucun, parfois avec un commentaire sobre et précis. « Je ne vous vois lire que le *New-York Herald* , " disait un de ses amis à un ministre anglais accrédité près du cabinet de Washington. « C'est le seul de vos journaux qui soit intelligible, " répondit-il. Et il avait raison alors.

Bennett portait, il y a peu d'années, sur notre presse française un jugement curieux : « Les journaux français, disait-il, sont très en retard quant au format, aux annonces et aux nouvelles étrangères ; mais ils ont au suprême degré l'art de la forme. Un journal en France qui saurait s'affranchir des partis politiques, se borner comme le mien à donner des nouvelles sur tout ce qui se passe dans le monde, et laisserait ses lecteurs tirer leurs propres conclusions, réussirait comme j'ai réussi. "

Où Bennett fut vraiment sans rival, ce fut dans le parti qu'il sut tirer de l'annonce. Avant lui les feuilles politiques, les seules qui existassent alors, consacraient à l'annonce la quatrième page, comme nos journaux. On la lisait à peine ; mal rédigée, maintenue sans changement, pendant des semaines et des mois dans le même cadre loué à l'année, souvent même à crédit, elle rapportait peu au négociant, moins encore an journal. Le prix élevé de l'abonnement, en limitant à un petit nombre de lecteurs la circulation de la feuille, paralysait l'annonce. On tournait dans un cercle vicieux, car on ne pouvait élever le prix de cette dernière qu'à la condition d'augmenter le tirage et de réduire le prix de vente. Bennett, en mettant son journal à la portée de tous au prix réduit de 15 francs par an, s'assurait une circulation considérable, mais ruineuse, à moins de combler et au-delà le déficit par une extension considérable donnée à l'annonce. Il y réussit en remaniant le système en usage, en y introduisant la variété et la clarté.

Aucune annonce ne pouvait paraître plus d'une fois, à moins d'être modulée ou renouvelée. Insérée sous des rubriques spéciales, elle ne pouvait en rien se distinguer des autres, le type était uniforme, le prix le même. Les offres et les demandes étaient classées par catégories où chacun, suivant sa convenance, savait trouver ce qu'il cherchait. Lorsqu'en 1845, Bennett fut sollicité par l'administration fédérale de reproduire les avis officiels, il s'y refusa péremptoirement, alléguant qu'il ne reconnaissait pas à l'état le droit de fixer lui-même le prix qu'il lui convenait de payer, et n'admettant pas, disait-il, que le gouvernement jouît d'une faveur refusée aux simples particuliers. L'annonce est en effet tellement entrée dans les mœurs aux États-finis, que le gouvernement lui-même y a constamment recours, et se sert de ce moyen pour soutenir les journaux qui lui sont dévoués. Bennett déclara qu'entendant maintenir son indépendance et la mettre à l'abri de tout soupçon, il n'insérerait aucune annonce ministérielle.

Il pouvait s'en passer. Ce mode de rapports entre le consommateur et le producteur joue aux États-Unis et en Angleterre un rôle dont nous n'avons aucune idée. L'annonce est, pour la race anglo-saxonne, le premier et le dernier mot, l'âme même du commerce. Elle envahit tout, on la retrouve partout ; nouveau Protée, elle emprunte toutes les formes ; mais c'est surtout dans les journaux qu'elle se produit comme mn des rouages essentiels et organisés de la vie de tous les jours. Le grand négociant qui offre en vente un changement entier y a recours aussi bien que la modeste maîtresse de maison à la recherche d'une « bonne pour tout faire. " Appartements à louer, chevaux et voitures à vendre, mobiliers à céder, offres d'association, tout s'y trouve. Sous le titre *personal* s'établit une correspondance secrète dont les seuls intéressés ont la clé. On y coudoie drames et comédies, romans d'amour, plaintes touchantes, avis grotesques. Le tableau est complet.

En parcourait les colonnes serrées, on peut mieux et plus facilement que par tout autre moyen, se faire une idée des mœurs, coutumes, civilisation, de ce peuple nouveau, dont les uns ont fait le type achevé du progrès moderne, dont les autres accusent la corruption : et prédisent la ruine prochaine, que l'on accable de louange et de blâme également peu mérités, et que l'on juge sans le bien comprendre.

Les chiffres donneront une idée de ce qu'est l'annonce. Nous avons sous les yeux un numéro du *New-York Herald* , feuille quadruple dans, laquelle nous constatons *huit* colonnes d'articles divers, *trente-huit* colonnes de nouvelles télégraphiques et autres, et *cinquante* colonnes d'annonces, en tout *quatre-vingt-seize* colonnes. Notons que tout a été composé à nouveau, que pas une ligne, même des annonces, n'a paru dans le numéro de la veille et ne paraîtra dans celui du lendemain.

Pour imprimer ce numéro, on a employé en tout 849,550 lettres. Le tirage a absorbé plus de *onze* tonnes ; de papier. La composition seule a coûté 600 dollars. Joignons à cela le traitement des rédacteurs et des correspondants, celui des plieuses et des vendeurs, le coût des télégrammes de toutes les parties de l'Union, les dépêches d'Europe à 11 fr. par mot, et on se rendra compte de cette immense machine qui s'appelle le *New-York Herald* . Le *Times* de Londres est loin d'en approcher, et pourtant il publiait il y a peu d'années l'avis suivant : « Notre édition d'aujourd'hui se composera de 24 pages. Il y a cinquante ans, nos annonces s'élevaient à 150 par exemplaire, aujourd'hui elles atteignent 4,000. " Les chiffres que nous relèverons plus loin constateront combien l'Angleterre est dépassée par les États-Unis tant par le nombre des journaux que par l'importance de leur tirage.

Bennett fut également le premier à signaler le conflit inévitable qui se préparait entre les états du nord et ceux du sud, et à résister à la pression exercée par les hommes politiques du parti républicain pour déterminer la crise. La guerre déclarée, il organisa immédiatement dans ses bureaux un bureau spécial du sud où se dépouillaient les journaux, les dépêches, les lettres de ses correspondants répartis dans les différents états confédérés. Il affecta aux dépenses de ce travail une somme de *deux millions cinq cent mille francs* , et débuta par donner une liste exacte des différents corps d'armée du sud, avec leurs forces en cavalerie, infanterie, artillerie, l'indication précise de leurs dépôts, les noms des commandants et officiers. Les détails étaient si précis que ses ennemis l'accusèrent d'avoir des intelligences dans le camp ennemi. Rappelant habilement son opposition à la guerre, sa partialité apparente pour le sud, on insinua qu'il continuait par cet exposé formidable à soutenir la cause de l'esclavage et à trahir le nord ; mais où le déchaînement ne connut plus de bornes, ce fut deux jours après la fatale bataille de Bull's Run. L'opinion publique, mal renseignée par le gouvernement, considérait cette première bataille rangée comme indécise, lorsque parut un *extra* du *Herald* annonçant que les troupes fédérales avaient été battues complètement et donnant une liste complète et nominative des tués et des blessés.

Les bureaux du ministère de la guerre furent assiégés par une foule inquiète. Le ministre fit répondre qu'il n'avait pas de détails et ne comprenait pas comment le *New-York Herald* avait pu en donner d'aussi complets. Accusé hautement de connivence avec l'ennemi et de publication de nouvelles fausses, Bennett provoqua la nomination d'une commission d'enquête. Il mit sous les yeux des membres les lettres et dépêches de ses correspondants, les listes partielles envoyées par eux, soigneusement contrôlées ; il dépouilla et résuma devant eux le travail énorme de son bureau spécial où s'agitait jour et nuit une armée d'employés ; il les congédia émerveillés et parfaitement édifiés sur l'authenticité des pièces et sur la manière dont il se les était procurées. Le ministre de la guerre constata officiellement ce résultat et écrivit à M. Bennett pour le remercier et le féliciter de ses *efforts patriotiques*.

La circulation du *Herald* doubla presque instantanément, et l'on vit pendant toute la durée de la guerre ce curieux spectacle d'un journal renseignant le public et l'administration elle-même sur la marche, les revers et les succès de ses troupes, devançant les informations officielles, osant dire toute la vérité dans les circonstances les plus critiques. Ce fait constate combien est entière la liberté de la presse aux États-Unis : aucune entrave administrative, aucune loi spéciale ne la limite. Si ce régime, ou plutôt cette absence de régime, offre des inconvénients, il présente aussi d'immenses avantages ; c'est à lui que les États-Unis ont dû de s'affranchir du joug de l'Angleterre, c'est à lui aussi qu'ils sont en partie redevables de leur prospérité de 1775 à 1861. Pendant la crise terrible de la guerre de sécession, ils lui ont dû de connaître toute la vérité, de mettre leurs efforts à la hauteur du péril.

Lorsque le président Lincoln fit le premier appel de 75,000 hommes pour briser la résistance du sud, les journaux dénoncèrent cette levée comme insuffisante. « trois cent mille hommes ne suffiront pas, " osèrent-ils dire. Pendant la guerre, nous les voyons railler le prétendu mouvement tournant de Mac-Clellan. « Appelons les choses par leur nom, disait le *New-York Herald* , ce prétendu mouvement est une retraite devant des forces supérieures. " Constamment tenue en éveil, surexcitée par la presse, l'opinion publique ne s'égara pas : elle entendit la vérité et sut la comprendre ; elle ne s'endormit pas dans ce calme menteur d'où un peuple ne sort qu'exaspéré contre son gouvernement et sans confiance en lui-même. Nous en avons fait une triste et douloureuse expérience. Le silence imposé à la presse est aussi fatal au pouvoir qui l'impose qu'au peuple qui le subit.

La guerre civile terminée laissait le nord vainqueur, mais épuisé d'hommes et d'argent. La dette fédérale s'élevait à plus de 14 milliards de francs. En quatre années le gouvernement avait demandé au crédit plus de 13 milliards, sans compter les impôts. L'or était monté jusqu'à 285, c'est-à-dire que l'on donnait 285 dollars en papier-monnaie pour 100 dollars en numéraire. La ruine absolue du sud entraînait celle de nombreuses maisons de commerce, de banques et de particuliers du nord, créanciers des planteurs pour des sommes considérables et dont les créances ne reposaient plus que sur des ruines fumantes et un sol sans valeur depuis que l'émancipation des esclaves le laissait sans culture. Le pays était inondé de papier-monnaie, le numéraire avait disparu. A la fin de 1864, la circulation des *greenbacks* dépassait 3 milliards 1/2.

Le gouvernement et la presse abordèrent l'examen des questions financières avec la même liberté d'allures. Toutes les opinions se produisirent librement, furent examinées, discutées dans les journaux, et, quoi qu'on ait dit et pu dire de la corruption administrative aux États-Unis, il n'en est pas moins vrai qu'en quelques années le crédit fut rétabli sur des bases solides, et qu'aujourd'hui les fonds publics américains constituent un placement de premier ordre. Le cours du 5 pour 100 fédéral consolidé est de 105 à 108. Sans doute on peut relever à la charge de l'administration actuelle nombre de faits scandaleux. On a vu un ministre de la guerre spéculer sur les contrats, trafiquer de son influence. Il n'est pas le seul, et la presse américaine ne s'est pas fait faute d'étaler au grand jour toutes les plaies honteuses de l'administration ; mais il faut aussi tenir compte du droit qu'elle possède de tout dire, droit dont elle use et abuse. Pourtant les plaies dévoilées sont les moins dangereuses ; celles que l'on ignore ou que l'on cache par crainte du scandale n'en existent pas moins, et, comme un cancer dissimulé, elles s'étendent, se propagent et causent d'incalculables ravages.

En 1866, Bennett céda à son fils la direction de son journal. Nous avons vu qu'il avait débuté dans sa carrière d'éditeur avec 500 dollars (2,500 francs). Il se retira avec une fortune personnelle de *vingt-cinq millions de francs*. Un de ses amis lui demandait alors s'il était vrai, comme le bruit en courait, qu'il songeait à vendre le *Herald*. « Il n'y a pas de capitaliste à New-York assez riche pour l'acheter, " répondit-il. Il avait raison, et lorsque son fils en prit possession, l'estimation faite fut de 20 millions de francs. James Gordon Bennett Jr continue à marcher sur les traces de son père et à maintenir le *Herald* au premier rang de la presse américaine. Actif et énergique, il s'est signalé lui aussi par certains faits que ses adversaires qualifient de gigantesques réclames. Nous en citerons quelques-uns : au lendemain de la bataille de Sadowa et de la paix conclue avec l'Autriche, le roi de Prusse prononça un discours important à l'ouverture du *Reichstag*. Le correspondant à Berlin du *New-York Herald* se présente au bureau du télégraphe quelques heures après et remet à l'employé étonné le discours du roi, en le priant de le télégraphier à New-York. « A New-York, répond celui-ci ; mais il me faut le temps de calculer ce que cela coûtera, c'est une somme énorme. — télégraphiez toujours, dit le correspondant, déposant 50,000 francs sur le bureau, nous compterons après. " Tout compte fait, la dépense était de 36,000 francs, mais le *Herald* publiait le discours à l'heure même où il paraissait dans les journaux de Berlin.

En 1868, il fit mieux encore : il envoya Stanley, devenu fameux depuis, en qualité de correspondant à la suite de l'armée du général anglais Napier, qui entrait en Abyssinie. On attendait avec une vive émotion à Londres les nouvelles de cette expédition hasardeuse. Stanley, à la disposition duquel le journal avait mis des sommes considérables, trouva moyen de gagner de vitesse, à l'aide de relais organisés d'avance, les courriers du général en chef. Le *Herald* fut le premier à annoncer les succès obtenus et à envoyer de New-York au gouvernement anglais, par le télégraphe, les nouvelles impatiemment attendues. On n'a pas oublié enfin que, sur l'ordre de son éditeur, Stanley se rendit en Afrique, retrouva Livingstone, et devança si bien l'expédition anglaise envoyée à la recherche de l'illustre voyageur, qu'il revenait à Zanzibar, son but atteint, au moment où les explorateurs se mettaient en marche pour pénétrer dans l'intérieur de l'Afrique. Ce résultat extraordinaire, dû à l'initiative d'un simple journaliste, parut si peu vraisemblable, que l'on commença par révoquer en doute les récits de Stanley, et que l'on n'y ajouta foi que le jour où il remit à la Société géographique de Londres les lettres et le journal de Livingstone lui-même. Réclame pour réclame, celles-là, ont du moins le mérite d'une incontestable utilité.

Si nous avons choisi le *New-York Herald* pour en faire l'objet d'une étude particulière, c'est que son histoire résume mieux qu'aucune autre celle du journalisme moderne aux États-Unis. Il nous a paru curieux aussi de constater les résultats d'une entreprise aussi hardie qu'originale : fonder dans un milieu moderne un journal indépendant de tout parti politique, ne relevant d'aucun, ne professant aucune opinion, ne s'attachant qu'à fournir des faits exacts et laissant ses lecteurs dégager eux-mêmes leurs impressions et tirer leurs conclusions. Le succès éclatant du *Herald* prouve qu'aux États-Unis tout au moins la réussite est possible dans ces conditions, et qu'un journal peut vivre et prospérer sans lier son existence à celle d'un parti politique quelconque.

Une étude analogue sur la presse politique nous mènerait trop loin. Bornons-nous à constater qu'à côté du *Herald* vivent et prospèrent également, bien qu'à ua moindre degré, nombre de journaux appartenant à cette catégorie. Parmi les plus célèbres, nous citerons le *New-York Tribune* , fondé en 1841 et dirigé pendant trente et un ans avec un incontestable talent par Horace Greeley, qui disputa en 1872 la présidence des États-Unis au général Grant, et n'échoua que de quelques voix. Le *New-York Times* , édité par Henry J. Raymond, le *Ledger* , fondé par Banner, le *World* , occupent dans la presse américaine le second rang.

Nous avons sous les yeux le relevé statistique de la presse aux États-Unis en 1870 ; nous en extrairons quelques chiffres qui ont leur éloquence. À cette date, il se publiait 5,871 feuilles, comptant 20,842,475 abonnés. Le tirage annuel de tous ces journaux réunis dépassait 1 milliard 1/2 d'exemplaires, pour une population de 38,555,000. Si nous comparons maintenant la presse des États-Unis à celle des autres pays, nous arrivons aux résultats suivants : en 1870, l'Angleterre comptait 1456 journaux, la France environ 1,700, la Prusse 809, l'Autriche 650, la Russie 337, l'Italie 723. Un calcul *approximatif* portant sur le monde entier donne un total, moins les États-Unis, de 7,642 journaux et publications périodiques de toute nature. Si l'on rapproche ce total de celui des États-Unis, on se rendra compte de l'immense développement de la presse chez ce peuple, qui vient de célébrer le premier anniversaire séculaire de son indépendance. C'est en parlant de cette presse que William Thackeray écrivait : « Voyez-la, elle ne repose jamais, ses ambassadeurs parcourent le monde entier, ses messagers sillonnent toutes les routes, ses correspondants marchent à la suite des armées, ses courriers attendent dans l'antichambre des ministres ; elle est partout. Un de ses agents intrigue à Madrid, un autre relève la cote de la Bourse de Londres. La presse est reine. Gardienne des libertés publiques, son sort est lié au leur ; elles vivront ou périront ensemble. "

Deuxième partie
Mœurs et caractères du journalisme américain [2].

I. CAUSES GÉNÉRALES DU DÉVELOPPEMENT DE LA PUBLICITÉ AMÉRICAINE.

S'il est vrai que la vieille civilisation européenne soit condamnée à s'éteindre, il faut avouer que la *barbarie* qui viendra reprendre après elle l'œuvre interrompue des destinées humaines sera privilégiée entre toutes les barbaries, et aura à sa disposition des moyens d'action singulièrement puissants. Cette *barbarie* commencera son œuvre avec tous les résultats matériels de la science et de l'industrie, qui paraissent aux générations contemporaines précisément comme le dernier mot de la civilisation. Toutes ces forces brutales et mécaniques que nous avons domptées ou créées, et qui nous rendent si fiers, les chemins de fer, la télégraphie électrique, les machines, sont également aux mains des peuples que nous regardons comme à demi barbares. Seulement ces conquêtes, au lieu d'être chez eux le résultat de la civilisation, en sont le commencement ; au lieu d'en être le principe, elles en sont l'instrument et l'outil. Demandez à un Européen d'aujourd'hui, au premier venu, à un homme de la foule, à quoi ont servi nos quinze siècles de luttes, et de combats, et ces cinq ou six sociétés si brillantes, si animées, si remplies de systèmes philosophiques, d'hérésies religieuses, de conceptions politiques, de poèmes et d'œuvres d'art. Il y a fort à parier que cet homme, oublieux de toute pensée morale, étendra le bras vers un bateau à vapeur fumant dans le lointain, ou vers une locomotive lançant son sifflet sauvage, et vous répondra sans hésiter : « Ces quinze siècles si remplis, ils ont servi à créer ce moyen de détruire la distance, ce moyen de devancer la tempête et d'arriver au port avant que l'orage se soit levé. " Ainsi, pour l'Européen, la civilisation se présente, en dernier résultat, sous une forme matérielle et mécanique, — l'industrie, l'application des sciences aux besoins de la vie. C'est son dernier mot, son chant du cygne, ses *novissima verba* . Si vous demandiez au contraire à un Américain (pour ne point citer d'autre peuple) à quoi lui serviront *railways* et canaux, bateaux à vapeur et machines, il vous répondrait probablement : « A créer la civilisation. " Les rôles des forces industrielles sont donc parfaitement opposés sur les deux continents : ici elles se présentent comme la *fin* de la civilisation (je prends le mot dans sa double acception vulgaire et métaphysique) ; là elles se présentent comme ses outils, comme ses moyens de travail.

Et c'est pour cela que l'industrie, qui doit inspirer des craintes si sérieuses à tous les esprits sages et éclairés de nos sociétés européennes, ne présente relativement aucun danger dans une société à l'état élémentaire, et pour ainsi dire *atomistique* , comme la société des États-Unis. Chez nous, l'industrie crée des illusions trompeuses et fatales ; elle aveugle les yeux, emmaillotte les sens, et fait oublier à l'homme le but suprême de la vie. Elle se présente comme le triomphe définitif de l'histoire. En Amérique au contraire, elle prépare tout simplement l'histoire ; elle fait la place nette pour les futurs événements et les futurs empires ; elle dispose en un mot le théâtre pour les futurs acteurs du drame humain : action bienfaisante et morale cette fois de la hache et de la scie, de l'électricité et de la vapeur. Ces savanes immenses que défriche la pioche et que sillonne déjà le chemin de fer, ces savanes, qui ne sont aujourd'hui que des étendues géométriques deviendront des *localités* auxquelles s'attachera un souvenir héroïque ou sacré. Cette forêt qu'abat la hache est remplacement marqué par le destin où doit s'élever une capitale majestueuse ; ce port immense, au-delà duquel vous apercevez une ville composée de maisons en bois, est destiné à être le lieu de rendez-vous de tous les peuples de la terre. Là, bien loin d'être un danger pour la civilisation morale et une pierre d'achoppement pour les destinées, humaines, l'industrie et l'activité matérielle sont les serviteurs de la Providence, et préparent, pour ainsi parler, les champs futurs de l'histoire.

Jamais on n'a vu une société commencer avec de tels éléments de force. Quelle civilisation peut sortir d'un peuple qui dès ses débuts se trouve l'héritier d'un *matériel* aussi considérable ? L'esprit se perd en conjectures et s'éblouit de ses propres visions, lorsqu'il essaie de découvrir la forme et les couleurs dont se revêtira cette humanité future. Vous imaginez-vous les barbares qui ont fondé nos sociétés modernes munis de toute sorte d'engins meurtriers et puissants ? Vous figurez-vous les Normands traversant la Baltique et remontant les fleuves non plus, dans leurs frêles barques d'osier, mais dans de rapides bateaux à vapeur ? Voyez-vous d'ici deux chefs barbares alliés communiquant entre eux à l'aide du télégraphe électrique, ou transportant ! leurs bandes d'aventuriers à l'aide du chemin de fer ? Voyez-vous les bourgeois des communes ayant à la disposition de leur commerce la lettre de change et le billet de ban que mettant en commandite le royaume du prêtre Jean, et organisant sur des plans financiers des missions chez les païens au profit de l'église et du saint-siège ? Tel est cependant à peu près le singulier spectacle que présente l'Amérique du Nord. Samuel Houston, Lopez, Kinney ou Walker n'ont pas beaucoup plus de scrupules que les fils de Guillaume de Hauterive, mais ils ont plus de ressources. Les marchands commanditaires de leurs belles entreprises ; de flibustiers sont aussi rusés que l'avocat Patelin ou sa dupe le drapier, mais ils sont plus riches et savent spéculer sur les fonds publics. M. Vanderbilt ou M. Joseph White, de l'*accessory transit company* , vendraient bien encore le royaume de France au roi d'Angleterre, ou même le royaume d'Angleterre à l'empereur de Russie ; mais ils seraient plus exigeants que Jacques van

Arteveld, et ne se contenteraient pas de quelque cent mille balles de laine, lorsque leurs confrères féodaux les planteurs ont à leur céder à si bon compte tant de milliers de balles de coton. Il est vrai de dire, comme compensation., que si les ressources matérielles sont plus grandes, la grandeur morale est infiniment moindre. Samuel Houston ou Walker ne valent pas Robert Guiscard, et les princes marchands de New-York ou, de Philadelphie ont moins d'originalité que le Flamand Arteveld. C'est quelque chose que d'avoir pour soi la grandeur, la poésie, l'accent, la physionomie, dût-on, comme compensation, avoir moins de ressources matérielles. Peut-être même ces choses si peu profitables, et si peu lucratives sont-elles tout ; peut-être aussi l'homme ne les acquiert-il que lorsqu'il n'a aucun puissant agent matériel pour auxiliaire, et qu'il ne peut compter que sur lui-même ? Je pose ce point d'interrogation, et je laisse au lecteur le soin de répondre à ce doute introduit à dessein, comme réserve en faveur des droits imprescriptibles de l'esprit contre la matière et de la poésie contre la prose. Les Américains ont bien des qualités aidées de bien des ressources : il ne leur manque plus qu'une seule chose, ils ont besoin de devenir poétiques.

Revenons, cette réserve faite, à ce phénomène extraordinaire et unique jusqu'à présent dans l'histoire d'un peuple qui commence ses destinées avec tous les résultats matériels d'une civilisation de quinze siècles. Ce ne sont pas seulement des forces naturelles domptées et des engins mécaniques que les Américains ont à leur disposition ; ce sont aussi ces forces d'action politique et sociale, ces forces collectives, anonymes, à demi morales, à demi matérielles, qui cette fois sont bien en un certain sens le dernier mot de nos civilisations européennes, — la presse, l'éducation primaire, l'esprit d'association sous toutes ses formes, *meetings* , conventions, clubs, sociétés politiques, religieuses ou scientifiques. Ainsi, tandis que chez nous toutes ces choses ont tant de peine à s'établir, tandis que les esprits s'habituent si difficilement à ces pratiques de publicité, d'association ou d'éducation, réclamées avec tant de cris et obtenues au prix de tant de sang, toutes ces pratiques, — presse, *meetings*, écoles, — fleurissent et se développent librement aux États-Unis. Que dis-je ? les sociétés secrètes elles-mêmes s'y établissent, s'y organisent et y font leur œuvre souterraine, quelquefois sanglante, impunément et sans être troublées. En trois ans, les États-Unis ont donné naissance à trois sociétés secrètes : la société de l'Étoile solitaire (*Lone Star*) pour l'annexion de Cuba, la société des *Know nothing*, transformée bientôt en grand parti politique, et la société qui a dirigé toutes les violences du Kansas, la société des Loges bleues (*Blue Lodges*), formée par les planteurs de la Virginie pour résister aux empiétements des abolitionnistes et donner à l'esclavage un nouvel état. Tous ces phénomènes, qui tiennent de la nature électrique de l'orage et de la nature explosive des feux volcaniques, dont un seul suffirait pour bouleverser quelques-uns de nos états européens, se donnent libre carrière en Amérique, et viennent, après avoir creusé leur sillon, se fondre, flots inoffensifs, dans la grande mer démocratique. Mais quel peut être, nous le demandons une dernière fois et pour n'y plus revenir, l'avenir d'une société qui débute avec de tels éléments de force, et qui s'aide dans son œuvre de tels moteurs, si puissants, si compliqués, exigeant une telle prudence de la part de ceux qui les manient, que nous, Européens, qui devrions être passés maîtres dans l'art de diriger tous ces mécanismes politiques, nous n'osons y toucher de crainte d'être écrasés, — timidité souvent trop justifiée ?

De tous ces phénomènes de publicité, le plus important est la presse. Aux États-Unis, le nombre de feuilles imprimées est tel que le calcul des rames de papier, bâtons d'encre de Chine et caractères d'imprimerie que consomme annuellement cette énorme industrie donnerait le vertige au statisticien le plus courageux. Ces sortes de calculs, très faciles à faire chez nous, où la publicité est restreinte, et même en Angleterre, où cependant la publicité est énorme, sont fort difficiles à exécuter en Amérique, où il n'existe aucun moyen officiel d'opérer sur une base certaine. Écartons par conséquent tous les chiffres plus ou moins fantastiques que donnent certains voyageurs, pour nous en tenir au renseignement le plus probable et le plus modeste : il a déjà, tout modeste qu'il soit, quelque chose d'étourdissant et qui confond. Le dernier rapport du recensement officiel établit qu'il y avait en 1850, dans toute l'étendue de l'Union et pour une population de vingt-trois millions d'hommes, dont il faut enlever plus de trois millions d'esclaves pour lesquels la presse n'existe pas, environ 2,526 publications de tout genre, donnant un tirage annuel de 426,409,974 exemplaires, tandis, qu'en Angleterre, pour une population plus nombreuse et infiniment plus lettrée et plus riche, on ne compte pas plus de 624 journaux ou publications périodiques. Quoique nous n'aimions pas beaucoup la statistique, décomposons le chiffre énorme que nous avons donné ; c'est une opération instructive. De ces 2,500 journaux, 254 seulement sont quotidiens, 115 paraissent trois fois par semaine, 41 deux fois par semaine, et 1,902 sont hebdomadaires. L'importance considérable de la presse hebdomadaire explique cette prodigieuse publicité de l'Union, car elle indique, de manière à ne pas s'y tromper, quelle est la classe de la population qui fait le succès des journaux. Ce ne sont évidemment ni les gens de loisir, ni les lettrés, pour lesquels existent les journaux quotidiens et les publications mensuelles ou trimestrielles et qui ont le temps de lire tous les jours : ce sont les gens qui n'ont le temps de lire qu'une fois par semaine, ou bien à qui, même lorsqu'ils lisent tous les jours, une semaine est nécessaire pour lire un numéro de journal. Ainsi, par ce seul fait, le caractère de la presse américaine est bien marqué : tandis que chez nous elle s'adresse à un public relativement instruit, riche et jouissant de loisir, en Amérique elle s'adresse à la foule.

Le succès de ces publications hebdomadaires est un fait très significatif en un autre sens, car il explique ce que les Américains cherchent avant tout dans un journal. Qu'est-ce qu'un journal hebdomadaire ? C'est une publication forcément variée dans ses matières, bigarrée et mélangée, *miscellaneous* . S'il s'occupe de politique, il ne peut que résumer d'une manière générale les événements de la semaine ; s'il porte un jugement, il est obligé de le donner sur un ton plus calme que le journal quotidien ; il perd ce ton de pamphlet et de personnalité qu'ont toujours les articles de journaux, qui parlent nécessairement sur des faits très isolés. Cependant la politique ne suffit pas aux feuilles hebdomadaires ; elles doivent, sous, peine de ressembler aux almanachs de l'an passé, remplir leurs colonnes non de polémiques ou de discours politiques qui sont, au moment où elles paraissent, connus déjà de tout le monde, mais de matières, étrangères au gouvernement de la société, et qui puissent piquer la curiosité des lecteurs. Les glaces polaires et sir John Franklin, Herschel et les espaces célestes, le docteur Gall et les protubérances du crâne humain, Rome et les cérémonies de la semaine sainte atteignent ce but. Le journal hebdomadaire est donc un moyen d'*information* . Or l'information, c'est là surtout ce que les Américains cherchent dans un journal politique ou non politique quotidien ou hebdomadaire. Le succès des *weekly newspapers* donne, à le bien prendre, la seule explication sensible de l'immense publicité américaine, qui est née, qui s'est maintenue, qui grandit sans cesse, et dans des proportions démesurées, par le double fait d'un instinct de race, la curiosité, et d'un besoin impérieux d'information né lui-même des circonstances historiques et, si je puis m'exprimer ainsi, des obstacles géographiques.

J'avance ce paradoxe, qu'il n'y a pas dans le monde entier de populations plus curieuses que les populations anglo-saxonnes. Nous passons depuis longtemps pour la plus curieuse et la plus bavarde des nations, et cette réputation remonte haut, car nous la devons au grand Jules César lui-même, qui a saisi de son vif coup d'œil et décrit en traits immortels ce trait particulier du caractère national. Toutefois il y a bien des manières d'être curieux, et son récit même montre de quelle manière nous le sommes. Nous le sommes par plaisir, et ; s'il est permis de le dire, pour le plaisir d'autrui ; nous sommes curieux socialement. Comme les Celtes du temps de César, nous aimons mieux être renseignés par des lèvres vivantes que par une feuille de papier maculé ; nous préférons les nouvelles clandestines, qui ne s'écrivent pas, qui se racontent dans un salon, sous le manteau de la cheminée, aux nouvelles qui peuvent s'écrire et que chacun peut librement commenter. Cette particularité a eu des conséquences historiques fort remarquables : c'est d'elle qu'est née cette liberté de mœurs qui en France nous a tenu lieu de toutes les autres, c'est d'elle aussi que nous tenons cette indifférence pour la publicité régulière qui s'accorde assez bien avec notre goût modéré pour la liberté politique. Tout autre est le caractère de la curiosité anglo-saxonne : c'est une curiosité plus politique que sociale, s'inquiétant plus de l'intérêt que du plaisir, plus des choses que des personnes. C'est une curiosité plus âpre que vive, plus avide souvent que délicate ; mais elle est sérieuse et soutenue, et par la elle est le principe de plus grandes choses que notre amour du cailletage, qui est légèrement immoral, et qui plus d'une fois s'est montré irrespectueux et subversif. Cette ardeur d'*information*, comme disent les Anglais eux-mêmes, est chez eux le plus sûr préservatif de la liberté politique, qu'elle n'a pas enfantée, mais qu'elle seule a réellement préservée une fois que la liberté politique a été mise au monde.

Cet amour de l'information sérieuse doit, je crois, sa principale force à l'esprit de la race elle-même, race cosmopolite d'habitudes, sinon d'âme ; voyageuse, exploratrice, mercantile, et au gré de laquelle la terre est trop petite pour ses goûts de pérégrination. Le journal tient lieu du voyage, le journal est un résumé de tout ce qui se passé dans le monde, et celui que ses occupations, les nécessités de sa vie ou de sa profession tiennent enchaîné au sol natal, trouve au moins dans la lecture quotidienne de son journal un moyen de satisfaire sa curiosité, et de tromper ses goûts de locomotion. Rien sur notre continent ne saurait donner une idée de ce singulier besoin de publicité. La lecture du journal n'est point un passe-temps, c'est une des occupations de la journée, et il n'est point rare de voir un Anglais, qui est souvent le moins distrait et le plus affairé des hommes, consacrer quotidiennement quatre longues heures à la lecture du *Times*. Ce désir de connaître, s'assouvit *à l'anglaise*, avec régularité, calme et méthode, comme une des opérations essentielles de la vie ; le journal est un besoin comme le déjeuner et le thé. Cette curiosité naturelle et de race, soutenue par la liberté politique, trouve encore un nouveau stimulant dans la division infinie de la société en petites castes, si l'on peut parler ainsi, en petites communautés, en petites églises, qui toutes ont un mot à dire en leur faveur ou contre leurs adversaires, et qui toutes ont des intérêts divergents à l'infini. L'esprit de controverse est ainsi sans cesse fomenté par cette diversité d'intérêts, de partis et d'églises. Enfin, dernière circonstance, la position insulaire de l'Angleterre a prêté à la presse une force considérable, et qu'elle ne pourra jamais trouver dans les autres états de l'Europe. Nous avons, pour satisfaire notre curiosité sur le continent, mille moyens, nous sommes pour ainsi dire traversés par les autres peuples ; mais l'Angleterre, à l'époque où la presse a commencé à prendre son importance, était privée de ces moyens rapides de communication, isolée des autres pays, protégée d'ailleurs par ses mœurs contre cette sociabilité facile qui nous a si longtemps tenu lieu de presse, qui nous en tient encore lieu. Le journal était la seule source d'information, presque le seul lien de communication avec le continent. Ce sont toutes ces causes très diverses, et quelques-unes très accidentelles, qu'il faut avoir présentes à l'esprit quand on veut avoir l'explication de la prospérité et (pourquoi ne pas le dire aussi ?) de la grandeur de la presse anglaise, qui doit certainement une partie de sa force à la liberté politique, mais n'au rait jamais atteint son importance actuelle, s'il n'y avait pas eu, à côté de la liberté, mille causes qui sont toutes venues lui prêter sève et appui.

Même phénomène en Amérique. La liberté politique est certainement pour beaucoup dans la puissance et l'extension indéfinie de la publicité aux États-Unis ; mais, la liberté fût-elle plus restreinte qu'elle ne l'est, la presse y serait encore un fait très considérable. Cette curiosité, ardente, que nous signalons comme un des caractères de la race anglo-saxonne, se rencontre au plus haut degré en Amérique. La démocratie l'a développée dans des proportions extraordinaires, car de l'autre côté de l'Atlantique c'est moins l'esprit de liberté que l'esprit d'égalité qui stimule cette passion de curiosité. Le grand Montesquieu, visitant l'Angleterre, fut très surpris de voir un couvreur lisant la gazette sur le toit qu'il était en train de réparer. Que dirait-il aujourd'hui s'il visitait les États-Unis ? Le garçon d'hôtel que vous appelez pour vous donner un verre d'eau ne se dérange qu'après avoir terminé la lecture de son journal, s'il est en train de lire ; le boucher vous prie d'attendre un instant afin qu'il puisse achever son intéressant article avant de vous couper votre *beefsleak* ; le *newsboy* lui-même, le gamin qui vend les journaux au coin des bornes de New-York ou de Boston, ne se dérange même pas pour vous vendre sa marchandise ; s'il est trop absorbé par l'agréable lecture, vous ferez bien d'aller plus loin. Cette rage de journaux est une des particularités les plus frappantes de la vie américaine, et en dit plus sur l'état du pays que la meilleure analyse de la constitution. Tout Américain porte un journal dans sa poche, comme tout Français du dernier siècle y portait une tabatière. Une dame connue dans la littérature américaine a raconté, dans une lettre adressée au directeur du *New-York Tribune* , une anecdote qui peint au vif cette curiosité populaire qu'aucune hiérarchie ne contraint plus, et qui, se passe toutes ses fantaisies. En quête d'un numéro de journal, Mme Fanny Fern s'arrêta devant la boutique d'un fruitier, qui cumulait en même temps le commerce des journaux. Cet homme était en train de lire le numéro désiré, le dernier qui lui restât. « Avez-vous le numéro de la *Tribune* de ce matin ? lui demandai-je avec autant d'amabilité que possible. — Non, madame, fut sa réponse très sèche et très décidée. — Mais oui, vous l'avez, lui dis-je en posant ma main sur le numéro convoité. — Très bien ; mais vous ne pouvez l'avoir, madame, car je ne l'ai pas lu moi-même. — Je vous le paierai trois cents, lui dis-je, — l'homme secoua la tête ; — quatre cents, — nouveau signe négatif ; — douze cents, dis-je, car je commençais à m'opiniâtrer. — C'est inutile, madame, dit le vieil entêté. C'est le seul numéro que je possède, et je vous réponds que personne ne l'aura jusqu'à ce que j'aie fini de le lire. — Il aurait fallu voir, monsieur le rédacteur, le chapeau sans forme, l'habit d'arlequin, le gilet en loques et le pantalon extraordinaire de ce lecteur de la *Tribune* ! C'était un vrai sujet de tableau. "

Cette curiosité, qui peut s'expliquer, dans les grandes villes de l'Union, par mille et une causes, par la contagion de l'exemple, par l'excitation politique, par l'esprit démocratique, n'abandonne jamais l'Américain ; elle le suit même au désert. Partout où une colonie d'Américains s'établit, deux choses, dès le premier jour, s'établissent en même temps qu'elle : un journal, un temple, et il faut y ajouter souvent aussi une loge maçonnique . Six mois après la découverte de l'or en Californie, cet état, encore pour ainsi dire sans habitations humaines et sans industries de première nécessité, comptait déjà cinq ou six journaux importants, paraissant dans les différents districts, à San-Francisco, à Stockton, à Marysville. Dans les vieux états du nord, l'avidité de lecture n'est pas plus grande peut-être, mais elle trouve plus facilement à se satisfaire, et elle se satisfait amplement. M. Johnstone rapporte que, dans je ne sais quel village du nord, contenant une population de trois cent cinquante à quatre cents habitants, on recevait dix-sept journaux différents, pour la plupart d'agriculture, il est vrai. Ce village, qui reçoit plus de journaux que beaucoup de nos grandes villes de province, pourrait à la rigueur se dispenser de faire des emprunts à la presse des localités voisines, car il est rare qu'un village américain ne possède pas lui-même une imprimerie où s'édite un journal, rédigé par quelque demi-fermier, jadis colporteur, et qui sera un jour banquier ou magistrat.

Nous touchons à la cause secondaire la plus importante de l'énorme publicité américaine'. Le nombre extravagant des journaux des États-Unis vient de l'absence de véritable capitale. La presse américaine a un caractère provincial, local. Les journaux se consomment en quel que façon sur place, et ne sortent guère de l'état où ils sont nés. Quel curieux s'amuse à lire les journaux de Boston en dehors du Massachusetts, les journaux de Philadelphie en dehors de la Pennsylvanie, les journaux de Baltimore en dehors du Maryland ? Il y a mieux : les journaux de Washington, dont quelques-uns sont l'organe du gouvernement, n'ont pour ainsi dire pas de public, et ne sont guère lus que par les journalistes. La presse seule de New-York, — la presse politique bien entendu, — se lit dans toute l'étendue de l'Union ; mais elle n'exerce pas à l'égard de la presse des autres états la même influence que la presse de Paris sur la presse des départements, ou que la presse de Londres sur la presse des comtés. En France et en Angleterre, il n'y a pour toute la nation qu'une seule presse, parce qu'il n'y a qu'un seul gouvernement. En Amérique, il n'en est pas ainsi : chaque état a son gouvernement, qu'il est occupé à se former incessamment, ses institutions, qu'il altère, modifie, arrange à son gré, ses intérêts, qui diffèrent de ceux des états voisins. Ces différences, qui, vues de loin, ne paraissent que des nuances, suffisent cependant à établir une séparation assez grande pour que nul état n'ait le droit de parler au nom d'un autre. À ces différences, sans importance au point de vue de l'Union, joignez les différences d'institutions dans le nord et dans le sud, — à l'excessive décentralisation américaine ajoutez les distances à parcourir, et vous comprendrez pourquoi la presse américaine a ce caractère provincial, et pourquoi la domination d'une capitale est impossible. Les journaux de New-York ne peuvent parler aussi franchement de l'esclavage que les journaux de Richmond ; les journaux de Boston ne sont pas placés aussi convenablement que les journaux de San-Francisco pour parler au nom des intérêts californiens. La presse américaine est donc, comme le véritable pouvoir politique américain, locale, provinciale plutôt que nationale, — et quant à la presse de New-York, la seule qui soit lue dans toute l'étendue de l'Union, elle représente dans le gouvernement de l'opinion publique ce que représentent dans le gouvernement politique de l'Union le président et le congrès, c'est-à-dire qu'elle n'exerce qu'une influence générale, indirecte, presque *abstraite* , si l'on peut ainsi parler. La presse de New-York est la seule presse *fédérale* , nous n'osons dire nationale.

Pourquoi donc la ville de New-York, la ville mercantile et cosmopolite, jouit-elle de ce privilège plutôt que d'autres villes plus lettrées, plus cultivées, et à qui reviendrait de droit le gouvernement de l'opinion, si la fortune se tournait toujours du côté des plus dignes, — plutôt par exemple que Boston, la ville des unitaires et des philosophes, l'*Athènes* du Nouveau-Monde, comme l'appellent orgueilleusement les Américains ? Il semblerait que le droit de porter la parole devrait naturellement appartenir à ce petit état du Massachusetts, celui où l'amour de la vérité et de la justice est le moins souillé de l'alliage des passions vulgaires et des intérêts grossiers. À cette question, qui se présente tout naturellement à l'esprit, la réponse est facile, et cette réponse prouve une fois de plus que le pou voir n'appartient pas toujours à l'intelligence pure, qu'il ne lui appartient même jamais, et qu'il passe naturellement du côté de la force. Le pouvoir ne dédaigne pas l'intelligence, mais il ne l'apprécie que lorsqu'elle est alliée à un mélange terrestre, à un mélange d'intérêts, d'appétits et de besoins qui lui prêtent un corps et un but direct et sensible. Et c'est la ce qui fait le triomphe de New-York, et lui donne le droit de se dire la capitale de l'Union. C'est la seulement qu'existe ce mélange de lumières et d'intérêts qui fait la force des sociétés. Les lumières n'y sont pas aussi grandes ni surtout aussi épurées que dans le Massachusetts, mais elles y sont plus grandes que dans les autres états ; elles y sont mêlées à des intérêts positifs et pratiques, et les intérêts y sont aussi moins grossiers que dans le sud et dans l'ouest, plus humains et plus éclairés. Enfin, et c'est là ce qui donne à la presse de New-York son caractère fédéral, New-York n'est pas seulement le grand entrepôt commercial de l'Union, le centre de ses affaires matérielles, le grand lien avec l'Europe, le lieu de dépôt des cotons du sud, des céréales de l'ouest et de l'or californien ; c'est aussi le centre social de l'Amérique du Nord, le foyer où viennent se briser et se fondre en un seul rayon toutes les opinions politiques et morales des différents états. New-York, ville cosmopolite, à demi américaine, à demi européenne, est par sa position la seule où toutes les opinions puissent librement se déployer et en même temps se modérer et se neutraliser mutuellement. Partout ailleurs, elles sont tranchées, exclusives, intolérantes. Un journal abolitionniste ne pourrait s'établir sans péril à la Nouvelle-Orléans ; un journal franchement partisan de l'esclavage ne pourrait exister à Boston. À New-York au contraire, whigs et démocrates, *free soilers* et partisans de l'esclavage, annexionnistes et ennemis de la conquête peuvent exprimer sans crainte leurs opinions. Ainsi réunies dans ce grand caravansérail, ces opinions, qui partout ailleurs sont dangereuses, parce qu'elles sont maîtresses exclusives, se tempèrent et s'habituent à la modération. New-York est la ville impartiale, indifférente par excellence, et, si l'on peut s'exprimer de la sorte, la plus largement constitutionnelle de l'Union. Elle ne tire pas à elle la constitution pour l'interpréter dans un sens exclusif, comme le Massachusetts ou la Virginie, et c'est pourquoi la presse de New-York a l'honneur et le privilège d'être la seule qui représente les intérêts fédéraux de la grande république.

La presse est donc une institution essentiellement anglo-saxonne. Jusqu'à présent, elle n'a trouvé nulle part ailleurs les mêmes conditions de prospérité matérielle qu'en Amérique et en Angleterre ; dans tous les autres pays, elle a toujours vécu d'une vie troublée et incertaine, même lorsque ces pays ont été traversés par de grands souffles de liberté et qu'ils ont joui d'institutions libérales. Cette publicité immense ne tient pas autant qu'on pourrait le croire à la liberté politique. La liberté a été dans ce succès un moyen, un instrument plutôt qu'une cause. La cause véritable, il faut la chercher dans la curiosité sérieuse et dans l'ardeur d'information de la race elle-même, curiosité et ardeur aidées par mille circonstances, en Angleterre par l'esprit politique, la situation géographique, une infinie variété de sectes et de partis, favorable à la controverse, — en Amérique par l'esprit d'égalité, l'excessive décentralisation, le droit des états à se gouverner eux-mêmes, et les différences radicales d'institutions entre le nord et le sud. Ainsi chez les deux peuples, comme on le voit, les causes du succès de la presse se ressemblent beaucoup, et il est facile, une fois qu'on a constaté et expliqué les détails et les usages particuliers à chacun, de ramener ces causes à deux principales, — la curiosité, l'individualisme.

II. RÉVOLUTION DANS LE JOURNALISME. LA PRESSE À BON MARCHÉ.

Il ne faudrait pas croire cependant que cette publicité énorme date de fort loin aux États-Unis. En tenant compte de l'accroissement de la population et par conséquent de l'accroissement des lecteurs, il serait difficile encore de s'expliquer un tel phénomène ; mais depuis vingt-cinq ans la presse américaine a subi une révolution qui a multiplié à la fois le nombre des lecteurs et celui des journaux. Je veux parler de l'établissement de la presse à bon marché, *penny press*, comme on dit en Amérique. La presse française a subi une révolution semblable ; mais les résultats ont été bien différents. Le bon marché de nos journaux n'en a pas accru l'influence morale, il s'en faut ; les lois politiques auxquelles ils ont été soumis sous tous les régimes ont considérablement amoindri et gêné les résultats qu'ils pouvaient attendre de leur diminution de prix, et quoique le nombre des lecteurs ait augmenté, il n'est pas devenu assez grand pour permettre aux journaux une concurrence illimitée. Les entraves de la loi n'existeraient pas, qu'il serait très difficile que deux ou trois feuilles périodiques nouvelles pussent vivre honorablement en concurrence avec leurs aînées ; elles devraient se résigner à mourir, ou bien à tuer quelques-unes de leurs rivales. Cette révolution a produit des résultats tout contraires en Amérique. Le ton moral de la presse ne s'est pas élevé, mais en revanche les bénéfices matériels n'ont rien laissé à désirer. 568 journaux littéraires et 1,630 journaux politiques trouvent le moyen de vivre aux États-Unis avec un public de 21 millions d'hommes tous ayant fort peu de loisirs et très occupés à courir après la fortune. À la bonne heure ! si ce n'est pas le triomphe de la démocratie, c'est bien certainement celui de la presse démocratique. Il vaut la peine d'opérer une révolution quand on est sûr d'obtenir de tels résultats.

Racontons en détail l'histoire de cette révolution, elle est curieuse et nous fera pénétrer dans l'intimité des mœurs de la presse amé ricaine. Il y a vingt-cinq ans, les journaux américains étaient d'un prix aussi élevé que ceux de notre continent : un numéro ne coûtait pas moins de 30 centimes. À ce prix, la vente était naturellement très restreinte. Pas de débit aux gares de chemin de fer ou au départ des bateaux à vapeur, sauf quelques numéros isolés vendus à tel membre du congrès en route pour Washington, ou à tel riche négociant désireux de se tenir au courant des prix du marché. La vente irrégulière sur la voie publique, la vente au numéro, qui a fait la fortune récente de tant de membres de la presse, n'existait pas. Les journaux vivaient principalement des abonnements réguliers et envoyés à domicile. Mauvaise affaire : le prix de l'abonnement n'était jamais payé d'avance, l'Américain comme l'Anglais ayant une invincible répugnance à payer une chose qu'il n'a pas reçue, que ses yeux ne voient pas en *substance* , et qu'il ne peut toucher de ses doigts. Une autre répugnance de l'abonné américain, et celle-là lui est toute particulière, c'est de se séparer de sa monnaie et de payer le prix de son abonnement. Vainement le lui réclamait-on et quelquefois dans les termes les plus pathétiques ; il ne s'exécutait qu'à la dernière extrémité, et souvent préférait ne plus recevoir son journal. Vers l'année 1833, tout changea de face, et les journalistes trouvèrent un moyen de se débarrasser de la tyrannie de leurs abonnés. Un jeune étudiant en médecine, M. Horatio Davis Sheppard (conservons le nom de ce bienfaiteur de l'espèce humaine, comme l'appellent les récents historiens de la presse américaine), conçut l'idée de la presse à bon marché. Il avait été frappé, paraît-il, de la rapidité avec laquelle les brocanteurs et trafiquants des rues vendaient leurs marchandises à bas prix. Comme il était en train de méditer sur le meilleur moyen de faire fortune, et que dans de telles dispositions d'esprit on rapporte à ses méditations tous les faits qu'on observe, quelque éloignés qu'ils soient du but qu'on recherche, il se dit que l'application à la presse du principe du bon marché le conduirait au résultat désiré. Il avait une trop petite fortune pour suffire à une entreprise dont les commencements devaient être dispendieux ; il alla proposer son plan d'imprimerie en imprimerie, partout il fut refusé. Enfin il trouva un appui dans MM. Francis Story et Horace Greeley, tous deux employés alors à l'imprimerie et à la rédaction d'un journal nommé *l'Esprit de l'Époque* . Le journal qu'ils fondèrent ensemble, et qui se nommait le *Morning Post* , débuta mal et sous une mauvaise étoile. Il fit son apparition le 1er janvier 1833, au milieu d'une tempête de neige qui dura près de huit jours. Les habitants de New-York restaient chez eux, et les rares passants n'avaient aucune envie de s'arrêter pour acheter un nouveau journal. Cet accident fut fatal au *Morning Post* . Il avait débuté pour ainsi dire sans capital ; huit jours de frais non couverts par la vente étaient pour lui un coup mortel : aussi, trois semaines après son apparition, il avait cessé d'exister. Le docteur Sheppard avait d'ailleurs, de l'avis de tout le monde, commis une faute énorme en fixant le prix de son journal à un sou, au lieu de deux. L'expérience a prouvé, dit-on, que deux sous étaient le véritable prix du journal à bon marché.

Le *Morning Post* mourut, mais non pas l'idée qui lui avait donné naissance. Neuf mois après parut le *Sun* , journal encore existant aujourd'hui, sous la direction d'un M. Benjamin Day, actuellement riche éditeur de New-York. Le succès fut énorme, et prouva que le docteur Sheppard ne s'était pas trompé. La lumière attire les phalènes, et l'odeur du sucre les fourmis ; les éditeurs du *Sun* ne pouvaient manquer d'avoir des imitateurs. Au printemps de 1834 parut le *Transcript* , édité par deux rédacteurs du *Sun* lui-même, MM. Willougby Lynde et Stanley. L'affaire réussit encore ; si deux journaux ont réussi, pourquoi pas un troisième ? M. George Evans fonde *l'Homme (the Man*), MM. Lincoln et Simmons le *Morning Star* . Tous ces journaux se sont éteints successivement, et de tous ceux que nous venons de nommer, le *Sun* seul subsiste encore ; mais le mouvement était imprimé à la presse, et il ne devait plus s'arrêter.

Toutefois ce succès avait ses vicissitudes. S'il ne fallut qu'un jour pour appeler l'attention du public sur cette nouvelle invention, il fallut un temps assez long pour lui faire prendre l'habitude de tirer régulièrement ses deux sous de sa poche. Il fallait lui offrir de l'extraordinaire pour le retenir ; il est inutile de dire par conséquent que les rédacteurs ne se donnaient pas beaucoup de peine pour être sensés et raisonnables, mais qu'ils s'en donnaient beaucoup pour être intéressants. La partie la plus soignée de la rédaction était les rapports de police. Quel bonheur pour l'éditeur lorsqu'il avait à faire part à ses abonnés de quelque crime bien émouvant, et quelle ressource pour sa plume, si elle avait à faire la description de quelque dramatique application de la loi du *lynch* ! Quelque délit bien comique, quelque grotesque polissonnerie relevant de la police correctionnelle étaient aussi une heureuse aubaine. Néanmoins on se lasse de tout même des crimes et des délits, et à certains moments il fallait stimuler la curiosité du public. Le *Sun* sentit sans doute cette dure nécessité. Un ou deux ans après sa naissance environ, il publia ce fameux *canard* à la lune, *moon hoax*, qui n'est pas encore oublié aujourd'hui. L'article, dû à la plume d'un certain M. Richard Adams Locke (conservons aussi pieusement son nom), racontait avec les plus grands détails les prétendues découvertes de sir John Herschel au cap de Bonne-Espérance. L'effet de ces nouvelles fut immense ; quelques journaux les reproduisirent avec empressement, en prédisant à Herschel l'immortalité. « Cela place sir John bien haut dans la science, " disait avec gravité le *Daily Advertiser* de New-York. D'autres journaux furent jaloux de la bonne fortune du *Sun*, et, ne comprenant pas la fraude, annoncèrent qu'eux aussi avaient reçu ces brillantes nouvelles, et qu'ils les publieraient dans leurs plus prochains numéros avec de nouveaux détails.

Pendant que le *Sun* marchait dans cette voie splendide, un nouveau rival se levait, qui devait un jour le laisser dans l'ombre. Un jeune Écossais, qui depuis dix ans cherchait fortune sur tous les pavés de l'Union, et promenait son active personne de Boston à Washington, de Washington à Richmond, et de Richmond à New-York, M. James Gordon Bennett, édita en mai 1835 le *New-York-Herald*. Il commença ce célèbre journal, le seul journal américain qui soit généralement répandu en Europe, pauvre de fonds, mais riche d'espérances. Comme il fallait vivre en attendant, il eut recours à des stratagèmes qui ne le cédaient certainement en rien au *moon hoax* . Le Pline, l'Isocrate américain qui nous a fait en quatre cent quatre-vingt-huit mortelles pages le panégyrique de cet étrange héros, raconte ces stratagèmes avec une candeur qui déconcerte et désarme. De temps à autre, on voyait apparaître dans le *New-York-Herald* de faux messages du général Jackson ou de M. Marcy, alors gouverneur de l'état de New-York. C'étaient là les coups de fouet par lesquels l'ingénieux publiciste stimulait la curiosité de ses lecteurs et excitait les colères de ses confrères. Les uns riaient, les autres grognaient, mais tout le monde lisait le facétieux journal. Un ami rencontre un jour M. Bennett et lui reproche ses plaisanteries trop multipliées. « Bennett, qu'est-ce que cela signifie ? quand donc serez-vous sérieux ? M. Bennett répondit par un mot digne de Molière : — Je veux faire un journal pour la foule, et non pas pour Wall-Street (la rue où s'imprimaient les journaux antérieurs à la *penny press*). Je suis toujours sérieux dans le but que je poursuis, mais je suis *quelquefois enjoué dans les moyens que j'emploie* . " C'est ainsi que fut fondé le *New-York-Herald* . Le parti démocratique avait son organe dans la presse à bon marché, le parti whig devait avoir le sien. Son organe dominant était alors le *Courier and Enquirer* , journal d'un prix relativement élevé : dix dollars par an. MM. Horace Greeley et Raymond se chargèrent de combler le vide, et en1841 apparut le premier numéro du *New-York Tribune* , qui fut pour le parti whig ce que le New-York Herald était pour le parti démocratique. Désormais la révolution était opérée, et un nouveau régime était établi pour la presse américaine.

Cette révolution eut des conséquences ailleurs que dans la presse ; elle créa une nouvelle profession et donna une nouvelle activité à une ancienne industrie. Les *newsboys* furent enfantés par la presse à bon marché, et l'on eut des revendeurs chargés de crier le journal à travers les rues comme une denrée. Ce commerce d'une nouvelle espèce a même si bien prospéré, que la spéculation s'en est mêlée. Des spéculateurs se sont partagé les différents quartiers de la ville, et ont acheté le droit de vendre ou de faire vendre à leur profit tel ou tel journal dans le district qu'ils ont choisi. Dès 1836, dit un des historiens de la presse américaine, le droit de vendre le *Sun* dans tel ou tel district n'était pas acquis à un prix moindre que 6 ou 700 dollars. Quant à la vieille industrie que la presse à bon marché a stimulée, c'est celle des annonces. Ce mode de publicité, qui a fait la fortune de tant de charlatans célèbres dans le monde entier, n'est nulle part employé avec autant de cynisme qu'en Amérique. Ce sont les Américains qui, je crois, se sont servis les premiers de la poésie comme moyen de réclame, et ont fait des annonces sous forme de romances pouvant se chanter sur un air national ; ce sont eux qui, renonçant à l'excentrique et concise annonce anglaise, ont inventé l'annonce longue d'une colonne, emphatique, verbeuse et interminable comme le discours d'un charlatan. Bien des industriels ont fait usage de ce moyen de publicité, depuis le mécanicien hâbleur et honnête qui annonce sa machine à vanner comme la merveille du monde jusqu'au magnétiseur hâbleur et malhonnête ; mais il y a deux professions qui ont employé l'annonce avec une audace qui ne laisse rien à désirer : ce sont les éditeurs et les médecins. L'extravagance des annonces de librairie dépasse tout ce qu'on peut imaginer. L'éditeur ne se contente pas de citer les opinions de la presse, ainsi que cela se pratique ordinairement en Angleterre. Il fait lui-même l'éloge de ses livres, et dans quels termes ! Ces appréciations enthousiastes ne sont pas infiniment variées, car elles sont toujours hyperboliques, et la figure nommée hyperbole n'a guère de nuances. L'éditeur américain semble ne connaître d'autre méthode d'admirer que celle du naïf Vasari, l'historien des peintres : « Et c'était le plus beau tableau que l'on eût jamais vu ! " L'éditeur américain parle de même. Il ne vous dira pas que le livre qu'il publie est intéressant, instructif, plein de grâce ou plein de force. Non, il vous dira invariablement que ce livre est le plus beau qui ait été fait, et qu'il va inaugurer une nouvelle ère dans l'histoire intellectuelle de l'humanité. Telle est l'annonce grave et sérieuse. L'annonce facétieuse a plus de variété et de désinvolture : coups de tam-tam charivariques, parades bouffonnes, musique et poésie, tous les moyens de séduction possibles sont déployés pour séduire l'acheteur. Nous voudrions mettre sous les yeux de nos lecteurs un spécimen de cette littérature d'un nouveau genre ; en voici un que nous prenons au hasard dans le *New-York Tribune* du 26 avril 1856. Un éditeur annonce la publication d'un roman intitulé *les Filles de la verte Montagne* :

Les filles de la verte montagne !
Vivent leurs figures radieuses !
Vivent leurs rayonnantes chevelures !
Vivent leurs voix argentines !

Ces groupes de jeunes filles
Odorantes comme des bouquets de fleurs !
Poète, dites-moi, ne dirait-on pas
Une avalanche de roses ?

Lorsqu'elles sourient, on entend une musique
Douce comme le chant du rouge-gorge ;
Et ne sont-elles pas comme des anges
Moins les ailes d'or ?

Vivent les figures radieuses,
Vivent les chevelures rayonnantes,
Vivent les voix argentines
Des filles de la verte montagne !

 « Les belles filles de la verte montagne ! qui ne les aime pas ? Aujourd'hui en vente chez tous les libraires *les Filles de la verte*

Montagne, histoire du Vermont, par Blythe White, etc. "

On ne peut, après tout, reprocher à ces annonces que le charlatanisme avec lequel elles sont écrites. Il n'en est pas de même des annonces médicales, qui sont beaucoup plus dangereuses. Le premier venu, moyennant quelques dollars, a le droit de faire annoncer, sous le nom d'eaux de santé ou de pilules universelles, d'horribles mélanges chimiques et d'affreux précipités. Bien heureuses les dupes, lorsqu'elles tombent tout simplement sur quelque innocente drogue, comme la *médecine incomparable (matchless sanative*), qui eut un succès merveilleux à Boston il y a quelques années, et qui n'était que de l'eau colorée, ou sur les *pilules végétales* du docteur Moffat ou du docteur Brandeth, deux *pauvres jeunes gens* , dit avec attendrissement l'auteur américain auquel nous empruntons ces détails, jadis sans fortune et maintenant *millionnaires* ! Tous les gens qui se servent de l'annonce ne sont pas aussi scrupuleux, et le mal est allé si loin, que la législature de l'état de New-York s'est occupée d'un bill pour défendre la vente de toute médecine qui ne porterait pas inscrits sur son enveloppe les noms des matières qui la composent. Plusieurs fois on s'est élevé avec raison contre cette insouciance, ou, pour lui donner son véritable nom, contre cette semi-complicité des directeurs de journaux, qui prêtent l'appui de la publicité aux plus honteuses inventions du charlatanisme : voilà le revers de la médaille ; mais ces annonces rapportent de si beaux profits ! C'est par centaines de mille qu'il faut compter les dollars qui sont employés chaque année à des annonces de cette nature. On cite un certain docteur Morehead, inventeur de ceintures magnétiques, qui, outre ses frais d'annonces, a dépensé trente mille dollars en une année pour la publication d'un almanach qu'il donne gratis au public.

III. – CARACTÈRES ET MŒURS DE LA PRESSE AMERICAINE.

Nous n'avons pas à faire la nomenclature de la presse américaine ; une telle entreprise, outre ce qu'elle aurait d'ennuyeux, est presque impraticable, et nous ne pouvons que renvoyer le lecteur curieux à la liste que nous-même en avons donnée dans une publication . Il y trouvera en abondance des *Boston Post* , des *Philadelphia Ledger* , des *Washington Union* , des *New-Orlean's Daily Picayune* . Un seul fait ressortirait de cette liste, et nous pouvons l'énoncer ici : c'est le nombre prodigieux d'éléments contraires et hétérogènes qui fermentent ensemble dans cette cuve démocratique. Journaux politiques, religieux, étrangers, accusent la présence de sectes ennemies ou rivales, d'intérêts infiniment divers, de populations dissemblables éparses sur le sol de l'Union. Irlandais, Allemands, Hollandais, Espagnols, Italiens, ont leurs organes rédigés exclusivement pour eux et dans leur propre langue. Les intérêts des Indiens sont représentés par un journal qu'écrivent en langue indigène deux avocats peaux-rouges. Tout intérêt de circonstance, tout phénomène passager trouve aussitôt une voix pour s'exprimer. Chaque élection présidentielle fait éclore un certain nombre de journaux destinés à soutenir les diverses candidatures et à s'éteindre après le vote populaire. Les *rapping spirits* et les tables tournantes ont leurs organes : une vingtaine de journaux et sept ou huit *magazines* au moins. C'était le chiffre qu'on donnait il y a deux ans ; il est possible qu'il ait augmenté, et il n'est malheureusement pas probable qu'il ait diminué. Il y a mieux cependant que tout cela : les fous eux-mêmes, avons-nous lu quelque part, ont leur journal, destiné sans doute à servir d'interprète à tous les Bedlams du Nouveau-Monde. Nous regrettons de ne pouvoir placer sous les yeux de nos lecteurs quelques échantillons de cette littérature, réellement nouvelle et jusqu'à présent inconnue. Laissons de côté toute aride nomenclature, et essayons de montrer ce que c'est qu'un journal et surtout un journaliste américain.

Un journal américain, pour peu que vous ayez déplié celui-ci ou celui-là, vous frappe à première vue par son aspect démocratique. C'est une marchandise abondante et à bon marché. Papier grisâtre, mou et se déchirant aisément, impression incorrecte, caractères à demi effacés, rien de ce qui révèle le bon marché ne lui manqué. Le ton du journal est trop souvent en parfait rapport avec sa figure : injures, outrages, dénonciations personnelles, y abondent. Le tout ensemble, figure et ton, a quelque chose de vulgaire, *coarse* , comme disent les Anglais. Quand le journal américain s'indigne ou attaque, il outrage, et les mots de *ruffian, liar, villain* , abondent ; quand il plaisante, il n'est jamais gai ou ironique il est facétieux. Il a exactement la colère ou la gaieté des foules, et il s'élève rarement au-dessus de ce niveau. Son second caractère, et celui-ci ne frappe qu'à la longue et après une lecture répétée, c'est la vulgarité et la petitesse des intérêts dont il s'occupe. Sauf les occasions accidentelles comme les élections à la présidence et cette éternelle question de l'esclavage rarement les journaux *yankees* ont à prendre la défense d'une grande cause ; ce sont des polémiques à l'infini sur de misérables incidents qui cachent de misérables intérêts, sur une nomination de gouverneur, sur un siège vacant au congrès, sur une démonstration populaire, sur les menées obscures de quelque membre du sénat. Dans les polémiques relatives à l'esclavage même, ce n'est jamais la question morale qui fait le fond du débat ; pour peu qu'on y regarde attentivement, on s'aperçoit qu'il s'agit d'intérêts individuels très éloignés de ce grand sujet. Cet article sur l'esclavage, où il n'est pas, à proprement parler, question de l'esclavage, vous en aurez la clé, si vous savez qu'il existe une famille van Buren qui appuie l'influence des démocrates *free soilers* ; cette sortie furibonde contre les agitateurs qui veulent briser l'Union ne doit pas vous en imposer : il ne s'agit pas de ce grand intérêt de l'Union ; il s'agit de nuire, s'il est possible, à la puissante influence de M. Seward. On sent à cette lecture que l'on est dans un pays absolument démocratique et où les intérêts individuels se donnent libre carrière ; on sent aussi que l'on est chez un peuple jeune, qui n'a pas encore d'histoire, et dont les éléments n'ont pas assez de cohésion pour que sa politique ait de l'unité, et ses intérêts de la grandeur.

Cette absence de grandeur dans la politique imprime au journal américain un cachet singulier de sécheresse et de monotonie. Dans une lettre écrite de Paris en 1847, M. Bennett reprochait précisé ment aux journaux français ce même vice de monotonie. « Depuis quatre mois, disait-il, les journaux vivent sur ces deux thèmes, les mariages espagnols et Cracovie, Cracovie et les mariages espagnols. Des lecteurs américains ou anglais seraient bien vite fatigués et ennuyés d'entendre ces deux éternelles notes. " N'en déplaise à M. Bennett les Américains au contraire ne paraissent pas s'ennuyer très vite d'entendre répéter les mêmes articles une ou deux fois par semaine et quelquefois davantage, et cela pendant dix années consécutives, sur la *clique* du journal *la Tribune* par exemple, ou sur les desseins pervers des abolitionnistes. Il n'y a point de pays au monde où l'on répète avec une pareille opiniâtreté les mêmes variations sur les mêmes thèmes connus. Toujours l'esclavage, Cuba, le *Maine liquor Law !* À ce fond solide et invariable viennent s'ajouter des comptes-rendus de discours ou de *meetings* qui redisent à leur tour le refrain des *colonnes éditoriales* , l'esclavage, Cuba, le *Maine liquor Law* . En outre M. Bennett aurait pu, sans de bien grands efforts d'esprit, se convaincre que les mariages espagnols et l'incorporation de Cracovie offraient pour le moins autant d'intérêt que plusieurs des sujets sur lesquels il aime à exercer sa plume. À Dieu ne plaise que nous voulions rabaisser ici les questions qui font le souci de tous les cœurs et de toutes les âmes aux États-Unis ! mais enfin la question de Cuba, par exemple, ne réveille d'autres souvenirs que ceux de Lopez et de ses flibustiers, tandis que les mariages espagnols réveillaient les souvenirs d'une politique traditionnelle, appuyée sur les siècles. Sans être le moins du monde emphatique, on pouvait, en traitant cette question, évoquer les ombres majestueuses de Louis XIV et de Napoléon, et soumettre leur politique à un nouvel examen. Que dis-je ? si l'on était clairvoyant, on pouvait rappeler les mauvais succès de ces deux souverains, et insinuer que si les personnes de Guillaume et de Wellington avaient cessé d'être redoutables, l'esprit qui les animait l'était toujours.

Oui, dès qu'on sort de la lecture d'un journal américain, l'Europe, même dans le fâcheux état où elle est aujourd'hui, reprend tout son avantage. On sent alors tout le prix de la tradition, tout ce qui s'attache de grandeur à des institutions à l'ombre desquelles ont vécu tant de générations, tout ce qu'il faut de force morale ou d'héroïque audace pour oser porter la main sur elles. Remuer un caillou parmi nous est une œuvre périlleuse, et qui renferme plus de conséquences historiques que la fondation d'une ville entière en Amérique. L'Europe est et sera longtemps encore le pays des grandes questions. Deux ans durant, nos journaux ont été occupés de la guerre d'Orient, et je me rappelle à ce sujet qu'un journal américain a bien voulu convenir que les batailles livrées par la France et l'Angleterre n'étaient pas inférieures aux batailles de la guerre du Mexique sous la présidence de M. Polk. Soit, nous pouvons mettre de côté tout amour-propre national ; mais qu'est-ce qui était le plus important pour l'humanité, la guerre du Mexique ou la guerre de Crimée ? San-Francisco pourra bien être un jour, je le sais, le lieu de rendez-vous de toutes les marines de la terre, et alors l'empire californien aura sa grandeur ; mais cette grandeur a besoin d'être créée. Constantinople au contraire pouvait devenir une ville russe ; il y avait de la grandeur à empêcher un tel événement, et cette grandeur est immédiate. Telle est en effet la situation qu'une longue histoire crée aux peuples ; ils ont à se décider immédiatement sur de grands intérêts. La situation des États-Unis est tout autre. Là, les grands intérêts ne s'élèvent pas au-dessus des établissements de chemins de fer ou des questions de tarifs ; la grande question de l'esclavage à peine elle-même à sortir de l'ordre économique et à devenir une question morale. Certes les éléments d'avenir abondent en Amérique, mais ces éléments ont besoin de s'assembler, de se grouper, de se combattre, de se solidifier en institutions, de devenir chair et sang, mœurs vivantes ; alors la politique américaine aura acquis ce qui lui manque, et elle en connaîtra le prix ? En attendant, que les États-Unis se contentent d'être riches et tranquilles, et qu'ils se redisent, en manière de consolation, l'axiome de Montesquieu : « Heureux les peuples qui n'ont pas d'histoire ! " Pour le quart d'heure, toute l'histoire des États-Unis consiste en un travail de fermentation qui est visible et dans une dissémination d'éléments qui se cherchent sans se rejoindre, se combattent sans s'atteindre, et s'appellent sans pouvoir s'entendre : spectacle curieux pour le philosophe ou le rêveur, mais qui échappe et doit échapper au journaliste.

Ce travail de fermentation en effet échappe à celui qui est lui-même plongé dans un tel milieu. Le journal des États-Unis ne reproduit pas ce qu'il y a de véritablement curieux dans la vie américaine : il reproduit pour ainsi dire ce qu'il y a de monotone dans cette société ; il ignore les nuances et les délicats mouvements de la vie. Nous ouvrons une de ces immenses feuilles, et nous y lisons un compte-rendu d'une séance du congrès : le directeur du journal a un correspondant à Washington, et cela est fort bien ; cependant nous aurions bien désiré qu'il eût plusieurs sténographes chargés de suivre les *camp meetings* et de nous décrire ces scènes singulières. De loin en loin, nous voyons apparaître quelque discours d'un ministre unitaire de Boston ou une lecture d'un transcendentaliste de Concord ; mais nous voudrions bien savoir les mœurs, les habitudes de ce groupe subtil, et entendre les conversations qui se tiennent dans ces conclaves de mystiques lettrés. Parfois un crime dû à la superstition vient éveiller notre intérêt, mais nous n'en démêlons pas très bien les causes. Peut-être les comprendrions-nous mieux, si nous étions introduits dans un ménage de millénaires, ou si nous assistions à quelque séance de magnétisme animal dans une ferme de village *yankee*. Le paquebot arrive de San-Francisco, apportant tant de passagers et tant de millions de poudre d'or, parfois aussi la nouvelle de quelque application sauvage de la loi du *lynch* ; oui, mais son arrivée m'intéresserait davantage, s'il m'apportait la chronique détaillée des maisons de jeu et des tavernes. Les plus curieux documents sur la vie américaine ne se trouvent pas et ne peuvent pas se trouver dans le journal, et les voyageurs nous renseignent beaucoup mieux à cet égard que ne pourrait le faire le plus consciencieux et le plus clairvoyant journaliste ; Nous aurions une excellente histoire contemporaine des États-Unis depuis vingt ans, si nous possédions le journal d'un pionnier de l'ouest, les mémoires d'une vieille négresse, les souvenirs d'un ami de la tempérance ou d'un prédicateur de *camp meeting*, les confessions authentiques d'un *gambler* californien. Ces documents échappent nécessairement au journaliste, qui est obligé de s'inquiéter plutôt du mouvement politique et de la vie officielle de la nation.

Il faut dire néanmoins à la louange des journaux américains que, s'ils n'abondent pas en documents curieux, ce n'est point la faute de leurs directeurs, qui font réellement des efforts considérables pour satisfaire l'avidité de leurs lecteurs et attirer les abonnés. Ni frais ni démarches ne leur coûtent. Les télégraphes électriques fonctionnent et les paquebots fument pour leur apporter, quelques heures avant l'arrivée ordinaire des nouvelles, les discours prononcés au congrès par tel personnage politique, ou les correspondances sur telle ou telle émeute dans un état éloigné. Des lettres leur sont envoyées des territoires les plus déserts et des plus sauvages districts. Si une colonie de cent émigrants s'est établie récemment dans le Minnesota, ils le disent ; ils savent le nombre des têtes de bétail que contiennent les fermes de l'Orégon. Quelque peines qu'ils se donnent cependant, ils ne dépassent jamais l'horizon du Nouveau-Monde. Telle est la grande originalité du journal des États-Unis : il est avant tout et surtout, bon gré mal gré, américain. Les contrées les plus inaccessibles et les plus lointaines du Nouveau-Monde sont plus près de l'Américain que l'Europe, dont les *steamers* de la compagnie Collins atteignent les rivages en onze ou treize jours. Les correspondances et les nouvelles dont les colonnes des journaux américains sont remplies viennent du Mexique de Panama, de l'Amérique centrale, du Chili, du Paraguay. Une révolution à Mexico est un événement d'un assez médiocre intérêt ; mais le récit de cet événement, que nos journaux constateraient en quelques lignes, occupe plus de place dans le journal américain que n'en occuperait certainement la chute d'un pouvoir comme le saint-siège ou la dislocation d'un empire comme l'Autriche. La révolution qui a renversé Santa-Anna coïncidait avec la guerre de Crimée ; mais le premier de ces deux événements était rapporté avec bien plus d'étendue que le second. Involontairement et sans le savoir, le journal américain applique la doctrine de Monroë et exclut le vieux monde de ses colonnes. Les correspondances étrangères, sauf celles qui sont envoyées d'Angleterre ce pays détesté, mais qui se rattache aux États-Unis par tant de liens, n'existent pour ainsi dire pas. L'Espagne, l'Italie, et, ce qui est plus étrange, l'Allemagne, sont pour eux des pays à demi effacés de la mappemonde ; la France n'est pas beaucoup mieux traitée . Avec le journal américain, on se sent transporté réellement dans un autre hémisphère. Nous n'avons pas le droit de nous : en plaindre à la vérité, car un Américain pourrait assez justement nous demander si c'est pour écouter des échos affaiblis de l'Europe que nous lisons un journal des États-Unis. C'est dans ce fait qu'est le grand intérêt et l'avenir de la presse américaine : le journal de New-York tend à devenir pour le Nouveau-Monde ce que le journal anglais est pour l'ancien monde ; l'Europe ne le préoccupe que très secondairement, et ce détail en dit assez sur les dispositions et la nature des lecteurs auxquels il s'adresse Moralement, le nouveau continent est séparé de l'ancien ; il n'y a aucune solidarité entre ses destinées : et les nôtres, aucun lien historique ; le souvenir de l'origine anglaise, et, fait bizarre, l'action latente et sourde de la cour de Rome sont les deux dernières influences générales qui rattachent encore ces populations à l'Europe.

Voilà donc les caractères du journal des États-Unis : démocratique de l'on et d'aspect, monotone dans sa polémique, roulant sur des objets sans grandeur et sur des détails sans intérêt universel, mais foncièrement américain et n'ayant jamais que l'Amérique en vue. Voyons maintenant les hommes qui le créent et le dirigent la situation d'un journaliste américain diffère sensiblement de celle d'un journaliste européen. Le journaliste américain est un personnage très redoutable et très redouté, qui jouit d'un pouvoir politique considérable. Il doit cette situation exceptionnelle à un fait peu remarqué : il est à peu près le seul individu exerçant une action et une influence publique aux États-Unis qui ne soit pas soumis au vote populaire et au caprice électoral. Président, représentants, juges, gouverneurs d'état, sont soumis à l'élection et reconnaissent un maître ; le journaliste est son propre électeur, il ne prend de mandat de personne ; il est, en un certain sens, le seul homme libre de cette société démocratique. L'homme politique peut le dénoncer ou le flétrir du haut de la tribune, mais peu lui importe ; la liberté le protège aussi bien que son ennemi, et il n'a pas à rendre compte de sa conduite à des assemblées capricieuses. Le bourgeois américain, le riche marchand, le ministre de l'église, peuvent le mépriser ; mais, tout en le méprisant, ils sont ses tributaires, ils achètent son journal, et relèvent ainsi de lui bon gré mal gré. Cette situation unique lui crée, au sein d'une société aussi mobile, une sécurité dont il use et abuse sans se gêner. Une autre circonstance vient encore lui prêter une force nouvelle : un journaliste aux États-Unis n'est pas, comme en Angleterre, un rouage inconnu d'une grande machine anonyme ; c'est un individu. En d'autres termes, le journal n'absorbe pas son rédacteur, c'est le rédacteur au contraire qui absorbe le journal. L'idée du journal ne se sépare pas, dans l'esprit d'un Américain, de l'idée du rédacteur même. Journal et journaliste ne font qu'un. Nous lisons le *Times* , le *Daily-News* , le *Standard* , sans nous inquiéter de savoir qui l'édite ou le rédige ; nous savons que ces journaux représentent tel ou tel parti, et cela nous suffit ; c'est l'opinion d'un groupe anonyme que nous avons sous les yeux. Il n'en est pas ainsi en Amérique, et quoique les colonnes du journal soient rédigées d'une manière anonyme, la pensée du lecteur attache un nom à cette prose, qui ne porte aucune signature. Ainsi le *Courier and Enquirer* ou M. Watson Webb, le *New-York Herald* ou M. Bennett, le *Daily-Times* ou M. Raymond, sont une seule et même chose. On dit généralement : « *Horace Greeley* disait l'autre jour, " aussi bien qu'on dirait : « Le *New-York Tribune* disait, etc. " Cette habitude de rapporter à un individu plutôt qu'à un parti l'influence d'une machine aussi considérable qu'un journal donne aux journalistes une puissance personnelle toute particulière.

Cette situation entraîne nécessairement des conséquences, dont la moins importante est ce ton de pamphlet et ce style injurieux qui déparent les journaux américains, et dont la plus considérable est que la presse échappe au contrôle des partis, et n'a réellement pas d'utilité politique. Il a été très bien dit que la presse était un quatrième pouvoir ; oui, mais seulement lorsqu'elle est l'arme des partis. Elle n'est un pouvoir que lorsqu'elle représente tout un groupe d'intérêts et d'opinions respectables et puissants, par conséquent lorsqu'elle est anonyme. Alors la presse est un pouvoir redoutable, mais non pas le journaliste. Si l'on veut que la presse soit puissante, il faut qu'elle absorbe le journaliste. Si l'on veut que le journaliste soit un pamphlétaire, on n'a qu'à enlever à la presse son caractère anonyme. La presse anglaise n'est si puissante que parce qu'elle est l'organe des différents partis, et qu'elle n'a aucun caractère individuel. Je ne puis assez m'étonner que les partis, qui chez nous ont surtout besoin de l'action de la presse, aient eu l'étrange idée de la dépouiller de son caractère anonyme. C'était, a-t-on dit, pour lui enlever ce qu'elle a de dangereux ; mais l'expérience prouvera qu'elle devient plus dangereuse à mesure qu'elle devient plus individuelle, car elle ne sert plus d'autres intérêts que ceux de ses rédacteurs. Les Anglais seuls, avec leur génie politique et leur étonnante intelligence de l'emploi des diverses forces sociales, ont très bien vu l'utilité de la presse, et comment, à mesure qu'elle est plus puissante, elle est en même temps plus subordonnée. En Amérique au contraire, les partis ne sont, pour ainsi dire, pas représentés par leurs organes ; ils ne gagnent aucune puissance à être défendus par eux. Tout le profit de la presse revient non aux opinions, mais aux individus. Il en résulte ce bizarre phénomène, que la presse prise en général n'a aucune utilité politique, mais qu'en même temps, comme contraste, le journaliste est un personnage politique très puissant.

Cette absorption du journal par le journaliste, cette *individualisation*, s'il nous est permis de créer ce terme barbare, paraîtra peut-être à quelques personnes un mérite : les libéraux très avancés y verront une conséquence de la *liberté illimitée* ; d'autres arriveront à y voir un frein aux dangers de la presse. Les uns et les autres se trompent, croyons-nous. Rien n'indique mieux que ce fait le phénomène de *dissémination* que nous avons signalé comme propre aux États-Unis ; rien n'indique mieux un pays inorganisé, sans hiérarchie, et où chacun tire à son profit les avantages sociaux. D'autre part, apprenez à quoi peut servir la presse lorsqu'elle représente des individus et non plus des groupes. Nous avons dit que les polémiques du journal américain étaient frappées d'un cachet de stérilité et de monotonie, que sa politique était sans grandeur ; voilà une nouvelle explication de ce caractère. Le journal représente avant tout les intérêts du journaliste, il ramène toutes les questions à son propre horizon, il rapporte les affaires de l'état à sa propre personne. En dehors du journaliste et de ses intérêts, la presse n'est l'organe que des intérêts ou des influences individuelles, des petites cabales, des *cliques*, comme on dit en langue politique anglaise, jamais d'un parti. Tel journal abolitionniste ne défend que les intérêts du journaliste et de M. Seward. La presse est donc une puissance politique nulle, si le journaliste est tout-puissant. Que lui reste-t-il alors, et que représente-t-elle pour le grand public américain ? Nous l'avons dit en commençant, un moyen d'information.

La situation anormale du journaliste le fait redouter du public américain. Tout le monde le salue, parce que chacun le craint, mais cette crainte n'est pas faite pour inspirer l'estime ; aussi le journaliste n'est-il rien moins qu'aimé. On le respecte si peu, qu'on redoute sa présence, et que, dans une certaine partie de la société, écrire pour la presse équivaut à un arrêt d'ostracisme. Cette terreur mêlée de dédain n'implique nullement le mépris des lettres et de ceux qui les cultivent : nulle part au contraire l'homme littéraire n'est plus admiré qu'en Amérique. Un homme d'esprit attribuait dernièrement la détresse et la mort d'un romancier américain au mépris des démocraties pour les talents : c'est une accusation qui est démentie par les faits, et qui du reste n'est pas plus fondée pour les démocraties que pour les aristocraties ou même les monarchies absolues. L'homme littéraire, le poète, le romancier, le philosophe, le savant, l'artiste, sont au contraire les *lions* et les idoles de cette société, et l'admiration des *Yankees* pour leurs hommes d'esprit ne s'exprime pas seulement en compliments hyperboliques et en flatteries, elle s'exprime aussi en beaux deniers comptants et en bénéfices substantiels et pécuniaires. Les écrivains américains ont inventé un moyen de faire fortune qui prouve à quel point ils ont confiance dans leur public, et à quel point le public leur prête la main ; ce sont les cours (*lectures*) publics. J'ai sous les yeux les chiffres de recettes de quelques-unes de ces lectures, ils sont considérables. M. Bayard Taylor a retiré d'une seule lecture un bénéfice de 252 dollars. M. Thackeray, le romancier anglais, pour les cinq où six leçons que nous avons lues réunies sous le titre d'*Humoristes anglais au XVIIIe siècle*, a reçu 13,000 dollars. C'est donc, on le voit, à d'autres raisons que le mépris de l'esprit qu'il faut attribuer l'espèce d'ostracisme que les Américains ont prononcé contre les membres de la presse. Cependant, comme il ne faut rien exagérer, ce dédain du *penny a liner* ne va pas assez loin pour détourner les écrivains d'avoir des rapports avec la presse, et même de s'enrôler sous ses drapeaux. Un poète justement aimé, M. Cullen Bryant, rédige honorablement un journal démocratique de New-York, l'*Evening Post*. Marguerite Fuller, que ses amis avaient suffisamment encensée, fit partie, quoique sibylle, de la rédaction du *New-York Tribune*, et à sa suite tous les membres de la petite école du Massachusetts ont eu occasionnellement des rapports avec ce journal, dont un voyageur ingénieux et renommé, M. Bayard Taylor, est aujourd'hui rédacteur. Toutefois ces exemples ne sont que des exceptions qui confirment la règle générale ; il y a aux États-Unis une distinction très marquée entre le journaliste et l'homme littéraire, et il faut en chercher la raison non-seulement dans les vices du journalisme, mais dans la puissance anormale des journalistes.

Ce despotisme du journaliste ne rencontre donc aucune contrainte constitutionnelle ; la seule contrainte qu'il connaisse, c'est celle de la foule. Ces deux tyrans, le journaliste et la foule, se rencontrent parfois en présence, et alors le journaliste risque fort, de payer en une seule fois pour tous ses petits délits passés. Ne pouvant pas être renversé par le vote populaire, le journaliste peut en revanche, être ruiné en un jour par la fureur populaire. Si un nombre suffisant d'individus se croit insulté ou attaqué, le rédacteur du journal est exposé à recevoir une visite encore moins parlementaire que la prose malencontreuse dont il a pu se rendre coupable. L'historiographe de M. Greeley raconte une scène de ce genre qui vaut la peine d'être citée, car elle donne une idée de ce frein capricieux et redoutable qui ne se trouve pas dans la constitution, mais que les mœurs ont engendré. On pourrait dire que le seul frein de la presse américaine consiste en un diminutif de la loi du *lynch*, en une manière de justice sommaire et brutale. Une émeute eut lieu un jour d'élection, dans le sixième district de New-York, entre les Irlandais et les Américains ; *la Tribune* rendit compte de ce combat en termes assez vifs et en jetant le blâme sur les Américains, qui avaient été les agresseurs. Quelques heures après la publication du numéro, deux individus *musculeux* se présentent au bureau, et, demandant au nom du sixième district une rétractation. La rétractation ne fut pas accordée ; nouvelle visite des deux individus *musculeux*. L'un de ces visiteurs saisit par l'épaule un des commis, des bureaux. « Est-ce toi, fils de *chienne*, qui es l'auteur de l'article ? " Le commis proteste de son innocence, et les deux individus se retirent en promettant que le lendemain le sixième district viendrait *démolir la boutique*. Le sixième district ne vint pas, mais la *boutique* se le tint pour dit, et fit ses préparatifs en conséquence. Toute la journée on fut sur le qui-vive, on se barricada, on se distribua les pistolets et les carabines, on fit bouillir de l'eau chaude, en un mot on prépara tous les moyens de défense pour un siège en règle. Les rédacteurs et imprimeurs du *New-York Herald*, dont les bureaux étaient voisins de ceux de *la Tribune*, promirent leur concours ; ils devaient à la première alarme faire pleuvoir les briques et les tuiles sur les têtes des assaillants. *La Tribune* en fut quitte pour la peur, mais ces alertes sont fréquentes dans les grandes villes de l'Union, et se terminent souvent d'une manière plus désagréable. C'est ainsi que la puissance anormale du journaliste est limitée par la puissance non moins anormale de la foule.

Telles sont donc les relations des journalistes avec leurs concitoyens. Redoutés par les classes supérieures de la société, la crainte de la foule les tient en bride à leur tour. Il y a encore une autre limite à leur pouvoir : ce sont les fréquentes banqueroutes que se permettent à leur égard leurs abonnés réguliers. L'abonnement se fait de la manière la plus singulière : un individu écrit d'un état quelconque au directeur de telle publication de lui envoyer le journal ; il ne paie pas d'avance, il change de résidence pendant que son abonnement court, et l'administration du journal ne sait où s'adresser pour le recouvrement de sa créance. D'autres fois l'abonné traite le journal comme un créancier ordinaire ; il le prie de repasser. Dans les districts agricoles, il est arrivé plusieurs fois, dit-on, que les abonnés ont payé leur journal en nature, comme les moines du XVIe siècle payaient Corrège et Murillo. Les souscripteurs des grandes villes ne s'acquittent guère mieux. Quelques années avant de rédiger le *New-York Tribune* , M. Greeley éditait un journal nommé le *New-Yorker* ; plusieurs fois il fut sur le point d'être ruiné, grâce à la négligence ou à la mauvaise volonté de ses souscripteurs, et il fut obligé de leur exposer sa fâcheuse situation, en faisant les in stances les plus pressantes pour qu'ils voulussent bien acquitter leur abonnement. Nous avons sous les yeux cet exposé financier, le l'on en est lamentable. « Amis du *New-Yorker* , y est-il dit, nous en appelons non à votre charité, mais à votre justice. Nous avons besoin de notre argent. Notre papetier veut être payé, nos imprimeurs attendent leur salaire à la fin de la semaine. " Toutefois les choses ont un peu changé à cet égard depuis la révolution de la presse à bon marché, et le célèbre M. Bennett, qui a introduit tant de changements dans la presse, est aussi le premier, je crois, qui ait exigé le paiement à l'avance des abonnements.

Les relations des journalistes entre eux ne sont pas précisément chevaleresques et courtoises. L'esprit de concurrence les entraîne aux plus étranges excès : pour s'élever sur les ruines d'un rival, ils ne redoutent malheureusement d'employer ni les calomnies ni les injures, et le rival outragé leur rend ces procédés délicats avec d'amples intérêts. Quelquefois un des deux adversaires perd patience, et alors des rixes personnelles s'engagent. La plus étrange de ces querelles est certainement celle de M. Bennett et du général Webb. M. Bennett avait un jour insinué contre M. Webb certaines accusations que son apologiste lui-même déclare mal fondées ; il fut rencontré par sa victime au coin d'une rue. M. Webb s'approche, le renverse et se donne la satisfaction de lui appliquer la volée de bois vert dont Figaro désirait caresser les épaules de son ennemi. Le lendemain de cette insulte, le *New-York Herald* contenait les lignes suivantes : « L'assaillant est venu derrière moi et m'a fendu le crâne ; la blessure a un demi-pouce de long. Le compère avait sans doute l'intention d'arracher de notre cervelle les provisions d'esprit et de bonne humeur qui ont fait la réputation du *New-York Herald* et de se les approprier, afin de remplir les vides de son crâne épais ; mais, s'il a réussi à m'ouvrir le crâne, il n'a pas réussi à me voler mes idées. " Cette sortie n'abattit pas le courage du général Webb, qui quelques jours après recommença ses violences. M. Bennett se défendit de son mieux, et eut la satisfaction de déchirer à son adversaire un bel habit tout neuf. M. Bennett fit part à ses lecteurs de ce nouvel incident. « Mon dommage consiste en une large égratignure au troisième doigt de la main gauche, et en trois boutons arrachés que le premier tailleur venu me recoudra pour six sous. Sa perte à lui consiste en un très bel habit noir qui a été déchiré du haut en bas, et qui a coûté au scélérat 40 dollars, plus un vigoureux coup de poing sur la figure, qui a dû faire sauter quelques dents de son infernale mâchoire. Balance en ma faveur : 39 dollars 94 centimes. " M. Bennett a du reste introduit dans les mœurs de la presse un changement pour lequel tous les philanthropes doivent lui être reconnaissants. Ses adversaires et son apologiste s'accordent à dire qu'il est le premier qui ait répondu aux attaques, de quelque nature qu'elles fussent, par de simples articles dans son journal. Jadis les journalistes, outre l'habitude du pugilat, se battaient en duel à tort et à travers ; maintenant les duels sont plus rares, et les journalistes se contentent de se verser leur écritoire sur la tête. Ces nouvelles mœurs sont plus douces, et pourtant nous préférons les anciennes. Les combats à coups de pistolet, voire à simples coups de poing, sont plus dans la nature humaine que ces dis putes ridicules et plates où l'encre coule à flots.

Les journalistes se permettent souvent un autre genre de délit, qui est encore moins pardonnable que tous ceux que nous venons d'énumérer. Non contents de noircir leur adversaire et de l'attaquer en personne, ils lui suscitent dans l'ombre des assaillants et poussent à sa destruction en se tenant à l'écart. Il n'y a pas bien longtemps, le *New-York Herald* recommandait à la surveillance de la police et des magistrats le New-York Tribune, et cela au nom de la morale et des bons principes. Ces dénonciations étaient lancées contre *la Tribune* à propos de je ne sais quels articles sur je ne sais quelle fantaisie fouriériste de M. Albert Brisbane, établie aux environs de New-York et connue sous le nom d'*Association du libre amour* . Lorsque *la Tribune* se fonda, le *Sun* fit tous ses efforts pour faire crouler cette entreprise rivale. On essaya de corrompre les porteurs et même de les intimider ; on battit les *newsboys* chargés de vendre le journal dans les rues. Ce sont des procédés sauvages, mais en même temps fort grossiers et vulgaires. O journalistes américains, les artistes italiens du XVIe siècle se haïssaient aussi jusqu'à la mort, et ils étaient sans scrupules sur le choix des moyens à employer pour se débarrasser d'un rival ; mais quelle différence ! Ils ne soulevaient pas contre eux quelque triste émeute de la canaille ; ils s'attendaient masqués dans l'ombre au coin des rues, ils se dépêchaient des *bravi* , ils soutenaient leur réputation à grands coups d'épée, et lorsqu'ils se dénonçaient, c'était au pouvoir terrible de l'inquisition. À la bonne heure, voilà des indignités qui ont de la tournure et du caractère ; mais se dénoncer à une vulgaire police ou battre quelques pauvres diables, cela est par trop démocratique !

Les individualités du journalisme américain ne sont pas fort accusées ; quelques-unes cependant méritent qu'on les signale et qu'on s'arrête un instant devant elles. Un des journalistes reconnus par ses confrères comme un des plus habiles de l'Union est M. J. Raymond. Whig d'opinions, il commença le *New-York Tribune* avec M. Greeley, et l'abandonna peu de temps après sa fondation pour passer au *Courier and Enquirer*, dont les principes s'accordaient mieux avec les siens. M. Raymond, presbytérien de religion et presbytérien non philosophe, mais selon le catéchisme calviniste, whig en politique, mais whig selon la tradition, ne pouvait longtemps s'accommoder d'un journal qui se faisait l'organe de toutes les nouveautés et de toutes les rêveries contemporaines. C'est dans le *Courier and Enquirer* qu'il soutint contre Horace Greeley, en 1841 une célèbre polémique sur le fouriérisme, récemment importé d'Europe par M. Albert Brisbane, jeune et riche Américain qui avait longtemps vécu en France, et que Paris a revu dans l'agitation de 1848. Cette polémique, que l'historiographe de M. Greeley nous résume en quinze longues pages, donne la meilleure idée du bon sens de M. Raymond. Les livres de Fourier étaient alors inconnus en Amérique, et M. Greeley lui-même n'en avait qu'une idée très incomplète. Dans la discussion qui s'éleva sur le principe d'association, M. Raymond découvrit ou plutôt devina avec beaucoup de finesse ce que M. Greeley ne voyait pas, à savoir que le principe économique de Fourier ne pouvait être séparé d'un certain principe moral, et que ce principe était forcément l'indulgence passionnelle. Il a abandonné depuis quelques années le *Courier and Enquirer* et a fondé le *Daily-Times*, dévoué au principe whig et au parti Seward.

Nous connaissons déjà le directeur du *Courier and Enquirer*, le général James Watson Webb, l'agresseur de M. Bennett. Le *Courier and*

Enquirer, qui se gouverne selon les principes de l'ancien journalisme, et qui est d'un prix relativement élevé, s'est maintenu avec avantage, sous la direction de M. Webb, en présence de la presse à bon marché. On attribue au général l'honneur d'avoir le premier baptisé du nom de *whig* le parti fédéraliste, pendant son opposition au général Jackson. C'est à l'époque de la grande querelle sur la banque des États-Unis que ce sobriquet fut inventé par le général Webb, et c'est à cette époque aussi que le *Courier and Enquirer*, qui était un organe démocratique, devint un organe whig. D'une humeur peu endurante, comme nous l'avons vu, le général a eu le malheur d'associer son nom à une affaire lugubre, le duel Cilley et Graves, dont il fut la cause innocente, mais la cause première. Ses opinions sont celles d'un Américain de la vieille roche, et lorsque M. Kossuth (lequel par parenthèse est correspondant du *Daily-Times*) vint aux États-Unis, M. Webb ne craignit pas, au risque de blesser l'engouement de la foule, de déclarer que tout ce tapage était inutile et ne ferait aucun bien à l'Union. Ces attaques au caprice régnant du public peuvent être dangereuses ; M. Webb en fut quitte toutefois pour trois grognements qui furent proférés ou plutôt hurlés avec enthousiasme, si j'ai bonne mémoire, au banquet qui fut offert à M. Kossuth par la municipalité de New-York. Au banquet de la presse, il fut publiquement insulté, sa voix fut étouffée sous les rumeurs, et, n'étant pas libre de se défendre, il sortit de la salle. Depuis cet incident, il a peu fait parler de lui.

Un des journalistes les plus étranges de l'Union était certainement (nous ne savons s'il vit encore) un certain major Noah, Juif d'origine et successivement rédacteur de plusieurs journaux maintenant disparus, entre autres le *New-York national Advocate* et l'*Enquirer*, un des deux journaux qui ont été fondus dans la feuille rédigée par le général Webb. C'était un homme d'une humeur particulièrement querelleuse et toujours engagé dans quelque démêlé avec ses voisins. En 1841, il rédigeait un journal favorable au gouvernement du président Tyler, et il avait pris l'habitude d'attaquer violemment *la Tribune* , qui venait d'être fondée. Un jour, à bout de ressources et ne sachant quoi reprocher au rédacteur de ce journal, il l'accusa d'avoir déjeuné dans un *boarding house* avec deux hommes de couleur. Il donnait la rue et le numéro de la maison. M. Greeley lui répondit qu'il préférait les nègres aux Juifs, et l'appela juge d'Israël. Cette injure était une allusion à une ancienne folie de M. M. Noah. En 1825, l'honorable journaliste s'était mis en tête que le moment fixé pour le l'établissement des Juifs comme nation était arrivé, et qu'il était le juge désigné par Dieu pour exécuter ce dessein. Il avait choisi pour théâtre de sa future grandeur Grand-Island, près de Buffalo, et convoqué tous ses coreligionnaires pour le 15 septembre. Au jour fixé, il s'était montré avec tous les insignes bibliques des rois d'Israël, et avait lancé une proclamation à tous les Juifs réunis sur la terre. Ordre était donné à tous les rabbins et à toutes les synagogues du monde de respecter et de faire respecter les ordres de Mardochée Manuel Noah, citoyen des États-Unis, ex-consul de la république au près du royaume de Tunis, *high sheriff* de New-York et par la grâce de Dieu gouverneur et juge d'Israël. Quelques-uns de ces ordres étaient assez bizarres. M. Noah recommandait aux Juifs d'être neutres dans la querelle entre les Turcs et les Grecs, défendait le mariage aux gens qui ne savaient pas lire et écrire, et décrétait un budget de 6 millions de dollars au moyen d'un impôt de capitation. Une particularité assez curieuse, c'est qu'il attribuait une descendance hébraïque aux Indiens d'Amérique. Ce mensonge est, comme on le sait, une des hâbleries historiques sur lesquelles est fondé le mormonisme.

Un M. Parton, de New-York, qui ne manque ni d'esprit ni d'un certain talent, vient de nous raconter en quatre cent quarante-deux pages la vie d'Horace Greeley ; c'est à peu près le tiers des biographies de Plutarque. Les amis de M. Bennett ont été jaloux de cette longue apologie ; ils ont sans doute fait le pari de dépasser cet enthousiasme à longue haleine. S'ils l'ont fait, ils l'ont gagné. La vie de M. Bennett contient quatre cent quatre-vingt-huit pages. Aucun détail sur ces deux personnages ne nous est épargné ; nous saurons à l'avenir que lorsque M. Greeley est venu au monde, il était noir comme la cheminée ; nous saurons quel était le nombre de ses chemises quand il est arrivé à New-York. Un jour qu'il était échauffé par une discussion politique, il a mangé sans s'en apercevoir toute une assiettée de gâteaux et tout un énorme fromage. Il paraît que sa mise est négligée et qu'il n'a jamais eu le goût du dandysme ; on ne peut avoir toutes les qualités. Le volume est orné de trois portraits de M. Greeley : M. Greeley jeune, arrivant à New-York, M. Greeley dans l'âge mûr et avec sa physionomie actuelle, et enfin M. Greeley vu de dos et rédigeant un article pour *la Tribune* . En outre nous avons un fac-similé de son écriture, la maison où il a vu le jour, et l'école où il a appris à lire. Sachez aussi que lorsqu'il était jeune, ses cheveux étaient d'un blond très clair, tirant sur le blanc, et qu'aujourd'hui il est à peu près chauve. Sa tête offre les caractères phrénologiques suivants : organe de la philogéniture et de l'amativité très prononcé, amour de la louange proéminent, fatuité nulle, goût faiblement accusé, idéalité développée dans de convenables proportions, etc. Quant à M. Bennett, il ne nous a offert de lui qu'une image incomplète ; nous ne l'avons qu'une seule fois et encore en buste. Il faudra réparer cela dans une édition plus complète. Son biographe nous apprend qu'il louche, infirmité qui lui a donné l'occasion de dire un mot digne des héros de Corneille : « Je louche des yeux, mais non pas du cœur. Phrénologiquement, les organes les plus développés chez lui sont la bienveillance, l'esprit, la gaieté, le courage, la fermeté, la conscience, l'ordre, la mémoire, le sentiment des couleurs, des formes, de l'étendue, de la pesanteur et du temps. On se demande ce qui peut manquer à un tel homme pour être parfait. Il est mieux doué que Jules César et que Napoléon ; il a les mêmes développements phrénologiques qu'on remarque sur les crânes de Cuvier et de Goethe. Hélas ! M. Bennett a, lui aussi, quelques imperfections. L'organe de l'idéalité lui manque, il n'est pas platonique. Le sentiment de la musique est faible chez lui, la faculté des langues tout à fait incomplète. Ces imperfections sont regrettables. Quoi qu'il en soit, et tout en nous en affligeant, nous reconnaîtrons bien volontiers que M. Bennett s'est approché de très près du type de l'humaine perfection. La moins ridicule des deux biographies est celle de M. Greeley, et des deux héros, M. Greeley est celui que nous préférons.

M. Horace Greeley est réellement un homme de talent et de mérite, et s'il a un défaut dominant, c'est d'avoir un goût beaucoup trop prononcé pour tout ce qui ressemble au talent et au mérite. Ses ennemis l'ont traité de fanatique et de lunatique. M. Greeley n'a pas été peut-être toujours exempt de fanatisme et de tendance aux chimères ; mais après tout il a toute sa vie soutenu la bonne cause. Il a combattu vigoureusement l'esclavage, et sans fléchir un instant de puis quinze ans. Universaliste en religion, il n'a jamais eu aucun de ces accès d'intolérance qui sont communs chez ses compatriotes. Quoique sa croyance l'entraîne logiquement à penser que l'homme peut opérer son salut dans toutes les communions, il n'a jamais cependant été indifférent ; il n'a jamais abandonné la défense du protestantisme, fondement de la liberté américaine. En même temps il n'a jamais hésité à reconnaître les droits des catholiques et à réclamer pour eux les bénéfices de la constitution. Il a toujours prêché contre la politique d'annexion et a combattu de toutes ses forces la dernière guerre contre le Mexique. En politique pure, il n'a jamais dévié des principes d'Henri Clay, qui était son idéal d'homme d'état. N'est-ce donc rien que d'avoir soutenu toutes ces causes, et en existe-t-il de meilleures aux États-Unis ? Mais il a encore un autre mérite, et qui le rend particulièrement intéressant à nos yeux : il a été jusqu'à un certain point l'appui, le défenseur, le vulgarisateur des idées de la petite école du Massachusetts et des modernes écrivains anglais. Carlyle et Emerson,

Théodore Parker et le docteur Arnold sont devenus, grâce à lui, des noms familiers aux lecteurs de *la Tribune* . Il a défendu Charles Dickens contre ses compatriotes ; l'infortunée Marguerite Fuller trouva un asile auprès de lui. Son socialisme lui-même ne doit pas être jugé avec des yeux européens. Certes M Greeley s'est montré souvent bien crédule : nous l'avons vu fouriériste ; mais depuis sa polémique avec M. Raymond, son journal a été l'asile de bien d'autres rêveries. C'est par le *New-York Tribune* que les *esprits frappeurs* ont fait leur entrée dans le monde. Les prodiges des tables animées n'ont pas trouvé d'organe plus crédule. Cependant, malgré toutes ces fautes, qui ont nui à la réputation de *la Tribune* , nous ne saurions nous montrer sévère pour le socialisme de M. Greeley. Ce socialisme n'a pas, comme chez nous, un principe subversif, il ne se propose pas un but d'anarchie. Non, il a plutôt une tendance conservatrice bizarre, mais réelle, et il est précisément une réaction contre l'anarchie américaine actuelle. Dans un pays où les instincts populaires penchent vers la conquête et l'annexion à tout prix, vers la spoliation sans scrupules de voisins plus faibles, mieux vaut, plutôt que de flatter ces instincts, pencher dans le sens opposé, et se rejeter du côté des doctrines qui exagèrent l'horreur de la guerre et la fraternité des peuples. Dans un pays où l'esclavage est maintenu par la violence et défendu à main armée, il est bon d'exagérer même les doctrines les plus avancées du XVIIIe siècle, de renchérir sur Thomas Payne et Priestley. Dans un pays où l'ambition individuelle ne connaît qu'un but, faire de l'argent, il est utile peut-être d'introduire de nouveaux principes, même au risque de se tromper, et de montrer que le travail a une autre fin que la richesse. Enfin ce socialisme est une réaction en faveur de l'esprit idéaliste et métaphysique contre l'esprit grossièrement réaliste et pratique de l'Amérique du Nord. Telle est la tâche qu'a remplie M. Greeley, et nous en reconnaissons volontiers le mérite. Le *New-York Tribune* est à notre avis, pour toutes ces raisons, le journal le plus intéressant de l'Union.

D'autres, comme le *New-York Herald* , peuvent être plus répandus ;
d'autres, comme le *Daily-Times* ou le *Courier and Enquirer* , peuvent
être plus raisonnables et plus pratiques : aucun n'est aussi curieux,
aussi amusant, aussi varié. Les correspondances européennes ont dans
la Tribune une importance qu'elles n'ont pas dans les autres journaux.
La critique des livres nouveaux est faite avec régularité, et souvent
avec un sentiment vrai et piquant des sujets traités. Ses rédacteurs
portent des noms bien connus. Ce sont M. Bayard Taylor le voyageur,
M. Charles Dana, M. George Ripley, le vieil ami de Marguerite Fuller,
et, si je ne me trompe, l'ancien directeur de l'établissement fouriériste
de Brook-Farm, dont M. Hawthorne, dans son *Blithedale Romance* ,
nous a raconté l'histoire.

Nous sommes plus embarrassé pour parler de M. Bennett, car M.
Bennett a défendu toutes les causes que nous n'aimons pas. Son
journal, le *New York Herald* , est l'organe le plus répandu du parti
démocratique et de *l'institution particulière* de l'esclavage, comme on
disait en Amérique. Jamais il ne s'est élevé contre les instincts
d'annexion et de conquête. Il n'est pas suspect de socialisme, mais en
revanche il est encore moins suspect de littérature et de philosophie.
C'est un journal exclusivement politique, et là même est son
originalité. Une de ses parties les plus soignées, c'est l'article de la
bourse et du marché d'argent, *money market* . Rarement il a pris parti
dans les questions religieuses, et plus rarement encore il lui est arrivé
de s'occuper de la critique littéraire, malgré le goût bien connu de son
directeur pour le théâtre. Les ennemis de M. Bennett l'ont accablé
d'injures, et son historiographe nous en a conservé quelques-unes
dans une page mémorable ; mais M. Bennett a poursuivi sa carrière
sans s'inquiéter des criailleries de ces esclaves qui insultaient à son
triomphe. Nous ferons comme lui et nous laisserons de côté des
accusations et des insultes qui n'ont d'ailleurs rien de bien intéressant
pour nous. La grande haine du *New-York Herald* , c'est *la Tribune* et la

clique Seward, c'est-à-dire le parti abolitionniste, son chef et son journal. Son grand amour en apparence, c'est le compromis Clay et la cause de l'Union ; mais il tient mal la balance en équilibre, il penche vers le sud, quoiqu'il fasse, et laisse apercevoir les marques non équivoques d'une tendresse secrète pour l'*intérêt* de l'esclavage. M. Bennett a toujours appartenu au parti démocratique ; ce parti est riche, M. Bennett l'est aussi. Il a soutenu le gouvernement du général Tierce et la politique de M. Marcy jusqu'à une époque assez récente, et les mauvaises langues américaines et même anglaises ont attribué sa volte-face à un désappointement diplomatique. Nous n'en croyons rien, les fautes du gouvernement actuel ont été assez nombreuses pour motiver l'opposition d'un homme aussi clairvoyant que M. Bennett.

Arrêtons ici cette étude sur la presse américaine. En la prolongeant, nous tomberions dans des détails sans relations entre eux et sans importance générale. Nous avons indiqué les traits caractéristiques de la presse aux États-Unis. Cette publicité, qui est la plus énorme qu'il y ait dans le monde, n'a pas une importance et une action politique sensibles ; elle n'est un moyen d'action et de succès que pour le journaliste lui-même, dont la situation exceptionnelle a attiré notre attention. Toutefois la presse regagne en importance sociale ce qu'elle perd en importance politique : elle est le seul lien par lequel tout un peuplé déjà nombreux, disséminé sur un territoire immense, se rattache pour ainsi dire à lui-même ; elle est le miroir gigantesque dans lequel ce peuple apprend à, se connaître, elle est la chaîne électrique qui fait battre au même instant tous les cœurs américains, des frontières du Canada aux rivages du Pacifique. Le même jour, aux mêmes heures, la même nouvelle est lue et commentée à New-York, à Boston, à Philadelphie, à la Nouvelle-Orléans, et les citoyens de ces différentes villes, en ressentant les mêmes émotions, se sentent liés par les mêmes intérêts. Si la presse n'existait pas ou si seulement la publicité était moins grande, les États-Unis ne seraient à la lettre

qu'une fédération de *tribus*, de provinces, une réunion de colonies ; ils
ne seraient pas une nation, C'est par la presse seule qu'ils se
reconnaissent comme nation, et qu'ils se saluent chaque matin comme
peuple.

[1] _De Charles de Varigny.

[2] _De Émile Montégut.

Table des matières